Jörg Koch

Wiesbaden

55 Meilensteine der **Geschichte**

Menschen, Orte und Ereignisse, die unsere Stadt bis heute prägen

SUTTON

Inhalt

Einleitung

Wiesbaden gehört zu den wohlhabendsten Städten Deutschlands, doch nicht nur die Kaufkraft ist hier überdurchschnittlich hoch, sondern auch die Lebensqualität. Dafür sorgen die privilegierte Lage am Rhein, die milden Temperaturen, das kulturelle Angebot, die Arbeitsmarktbedingungen, die Freizeitmöglichkeiten und vieles mehr. Die Leute leben gern in der Stadt mit ihren rund 280.000 Einwohnern, die zudem hessische Landeshauptstadt ist, was viele außerhalb des Bundeslandes nicht wissen, meinen sie doch, das nahe gelegene Frankfurt habe diesen Status.

Wisibada – die früheste Überlieferung des Stadtnamens stammt aus karolingischer Zeit (um 830), doch schon in der römischen Epoche gab es hier eine Siedlung. Jahrhundertelang lag Wiesbaden im Schatten von Mainz, das für die Reichsgeschichte eine weitaus bedeutendere Rolle spielte, doch hat die Stadt einen unterirdischen Schatz, der der heutigen rheinland-pfälzischen Hauptstadt fehlt: Es sind die zahlreichen Thermalquellen, die vor allem im 19. Jahrhundert den europäischen Hochadel und Staatsmänner anlockten, dazu berühmte Schriftsteller, Musiker und Maler sowie erfolgreiche Unternehmer, die sich gern hier niederließen, vorübergehend oder für den Rest ihres Lebens.

Die Blütezeit der Stadt begann Anfang des 19. Jahrhunderts, als Wiesbaden Residenzstadt des 1806 gegründeten Herzogtums Nassau wurde. Dieses Herzogtum bestand 60 Jahre, bis Preußen es infolge des Deutsch-Deutschen Krieges (1866) annektierte. Nassau war österreichischer Bündnispartner gewesen und stand dann auf der unterlegenen Seite. Politisch unbedeutend – Wiesbaden war als Sitz des gleichnamigen Regierungsbezirks Teil der preußischen Provinz Hessen-Nassau –, erlebte die Stadt nun aber eine ungeahnte Bevölkerungsentwicklung und Bautätigkeit. Noch heute ist das Stadtbild geprägt von den Gebäuden, die ab Mitte des 19. Jahrhunderts bis zum Ausbruch des

Wiesbaden in der Topographia Hassiae von Mattäus Merian.

Ersten Weltkrieges 1914 im Stil der Gründerzeit, vor allem des Historismus und des Jugendstils errichtet wurden. In dieser Epoche wurde Wiesbaden als „Nizza des Nordens“ und Weltkurstadt bezeichnet, selbst Kaiser Wilhelm II. (1859–1941) weilte nach seinem Regierungsantritt 1888 mehrfach in der Stadt und verlieh ihr durch seine Anwesenheit Glanz. Nun 100.000 Einwohner groß, nannte sich Wiesbaden auch gern „Kaiserstadt“. Hier lebten zur Jahrhundertwende die meisten Millionäre des Reiches.

Im Gegensatz zur Nachbarstadt Mainz, deren Innenstadt am Ende des Zweiten Weltkrieges zu 80 Prozent zerstört war, hielten sich die Kriegsschäden in Grenzen, sodass die Wiesbaden-Besucher heute ein weitgehend erhalten gebliebenes Stadtbild vorfinden. Ein viel zitierter Reim jener Jahre lautete: „Wiesbaden wollen sie schonen, da wollen sie wohnen.“ Mit der Gründung des Landes Hessen im September 1945 wurde Wiesbaden dank der günstigen Voraussetzungen Landeshauptstadt. Heute zweitgrößte Stadt Hessens und zugleich der wirtschaftlich und kulturell wichtigen Rhein-Main-Region, weiß Wiesbaden seine abwechslungsreiche Geschichte zu vermarkten und präsentiert sich zugleich als moderne, zukunftsorientierte, liebens- und lebenswerte Großstadt.

In den folgenden 55 Kapiteln wird ein repräsentativer Ausschnitt der reichhaltigen Geschichte Wiesbadens dargestellt. Den aufmerksamen Lesern wünsche ich ein unterhaltsames Vergnügen voller Entdeckungen und Überraschungen.

Jörg Koch

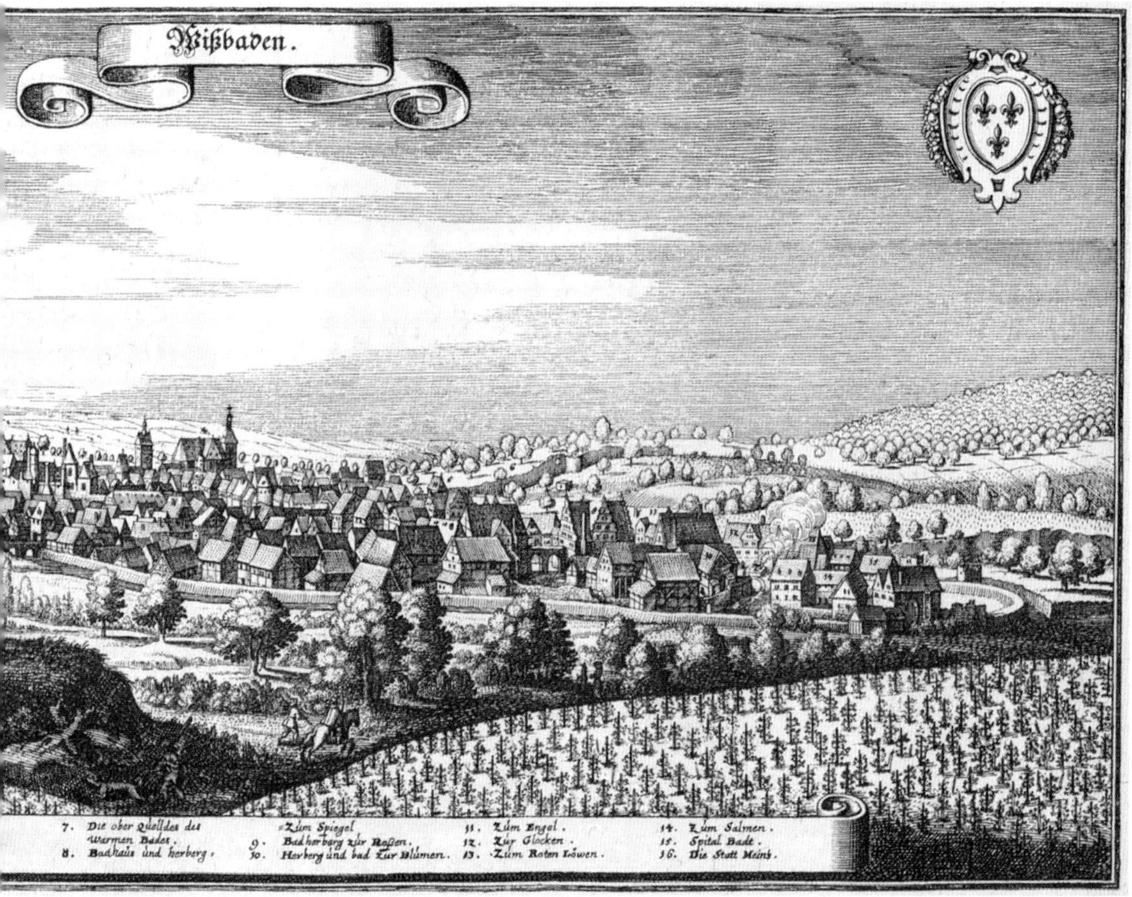

1 Am Ufer der Flüsse
Rhein und Main

Städte an großen Flüssen haben immer ein besonderes Flair, das Wasser zieht stets magisch an, und das trifft auch auf Rhein und Main zu, an deren Ufern Wiesbaden liegt. Ohne die Flüsse als Verkehrsadern hätte sich zudem das Gebiet der Orte Mainz-Amöneburg, Mainz-Kastel und Mainz-Kostheim, die trotz ihrer Namen heute zu Wiesbaden gehören, nicht ab Mitte des 19. Jahrhunderts zu einem wichtigen Industriestandort entwickeln können.

Während die Unternehmen am Rhein längst an Bedeutung verloren haben, sind heutzutage die Maaraue bei Mainz-Kostheim und die Rheinwiesen bei Mainz-Kastel beliebte Ausflugsziele mit diversen Freizeiteinrichtungen. An der Mainspitze in Höhe von Rheinkilometer 496,6 mündet nach 527 Kilometern der Main als längster rechter Nebenfluss in den Rhein. Dieser Ort ist der symbolische Mittelpunkt der heutigen Rhein-Main-Region. Wenige Kilometer rheinabwärts, an der Grenze zwischen Amöneburg und Biebrich, bei Stromkilometer 502 und gegenüber dem nördlichen Ende der Petersaue, mündet der Salzbach in den Rhein. Der Salzbach entsteht aus dem Zusammenfluss von Rambach und Schwarzbach beim Wiesbadener Staatstheater und verläuft unterirdisch. Besonders ansprechend gestaltet ist die Uferpromenade in Biebrich. An diesem Ort, nur wenige Meter südwestlich des Schlosses, lässt es sich gut verweilen. Das trifft auch auf die hiesigen Rheinwiesen zu. Ihnen gegenüber liegt die Rettbergsaue, eine der größten Rheininseln, die, wie auch die Petersaue, größtenteils ein Naturschutzgebiet ist, ein Paradies für zahlreiche Vogelarten.

Rheinauf- und rheinabwärts von Wiesbaden bildet der Rhein die Grenze zwischen den Bundesländern Rheinland-Pfalz und Hessen, doch dank der Brücken ist diese Grenze überwindbar. Der Brückenbau in der Rhein-Main-Region blickt auf eine lange Geschichte zurück: Bereits die Römer errichteten in der Mitte des ersten Jahrhunderts nach Christus eine Holzbrücke zwischen Mainz und ihrem rechtsrheinisch gelegenen Kastell (Mainz-Kastel), die um 71 durch eine Steinpfeilerbrücke ersetzt wurde und damit die erste befestigte Rheinüberquerung überhaupt war. Im Lauf der Jahrhunderte wurden Brücken gebaut und zerstört, zuletzt am Ende des Zweiten Weltkrieges. Heute verbinden drei Brücken Wiesbaden mit der anderen Rheinseite: Die rund 800 Meter lange „Kaiserbrücke", 1904 in Anwesenheit Kaiser Wilhelms II. eingeweiht, wurde im März 1945 zerstört, 1955 in schlichter Form als Nordbrücke rekonstruiert, sie dient dem Eisenbahnverkehr zwischen den beiden Landeshauptstädten. Die erste Straßenbrücke, eine Bogenbrücke mit Fachwerkbögen, wurde 1885 eröffnet. Damals war sie die einzige feste Straßenverkehrsbrücke über den Rhein zwischen Ludwigshafen und Düsseldorf. Nach ihrer Zerstörung wurde sie 1950 wieder aufgebaut, seit 1967 ist die rund 500 Meter lange Verbindung nach dem Bundespräsidenten

Am Rheinufer in Biebrich steht das 1909 errichtete Pegelhäuschen.

Theodor Heuss (1884–1963) benannt, sie ist Teil der B 40. Außerdem verläuft zwischen Schierstein und Mainz-Mombach und damit über die Rettbergsaue die 1962 errichtete (und ab 2013 neu konstruierte) Schiersteiner Brücke, die als Autobahnbrücke der A 643 fungiert.

Auch wenn der von Sagen umwobene Rhein als Verkehrsweg nicht mehr die Bedeutung hat wie im Mittelalter, so ist er doch noch heute eine der verkehrsreichsten Wasserstraßen der Welt. Neben der wirtschaftlichen Bedeutung erfreut er zahlreiche Tagestouristen, die mit Ausflugsschiffen entlang des Rheingaus Richtung Koblenz und von dort auf der Mosel fahren und dabei einmalige Kulturlandschaften genießen.

2 Aquae Mattiacorum
Der römische Badeort

Das älteste sichtbare Bauwerk in Wiesbaden ist die 80 Meter lange Heidenmauer auf dem Schulberg, die um 370 unter der Regierung Kaiser Valentinians I. (321–375) entstand und damit aus spätrömischer Zeit stammt. Die ursprünglich mindestens 500 Meter lange Mauer könnte als Wehrmauer oder Wasserleitung gedient haben.

Infolge der Stadterweiterung um 1900 und zur Errichtung der Coulinstraße wurde ein Teilstück der Heidenmauer durchbrochen. Um diesen historischen Verlust auszugleichen, ließ Stadtbaumeister Felix Genzmer (1856–1929) im Jahr 1903 eine Überführung im historisierenden Stil anfertigen. Diese Überquerung besteht aus einem großen Tor und einem kleinen Seitentor, Türmen, Treppenanlagen und einem überdachten Wehrgang und wird Römertor genannt.

Archäologische Funde aus dem frühen ersten nachchristlichen Jahrhundert (auf dem Gelände zwischen Mauritiusplatz, Mauritiusstraße, Hochstättenstraße) belegen eine Siedlungsgeschichte zur Zeit von Kaiser Augustus (63 vor bis 14 nach Christus). Die Römer, die sich bereits auf der gegenüberliegenden Rheinseite mit einem bedeutenden Legionslager (Mogontiacum/Mainz) etabliert hatten, nannten den Ort Civitas Mattiacorum, nach dem Siedlungsgebiet der Mattiaker, einem germanischen Teilstamm der Chatten. Nach den Chattenkriegen (83 und 85) unter Kaiser Domitian (51–96) und der Errichtung des Limes wurde auch dieses rechtsrheinisch gelegene Gebiet Teil des römischen Imperiums. Zur Sicherung und Überwachung des Taunuskamms entstand ein Steinkastell (auf dem Heidenberg), dann eine zivile Besiedlung kleinstädtischen Charakters (vicus), der zuständige Statthalter allerdings residierte auf linksrheinischem Gebiet. Bereits seit 11 vor Christus bestand das Militärlager in Mainz-Kastel (Castellum Mattiacorum). Die militärische Präsenz ist durch zahlreiche Funde wie Soldatengrabsteine, Ziegelstempel und Militärdiplome belegt. Diese Grabsteine sind die ältesten Denkmäler ihrer Art auf rechtsrheinischem Gebiet. Bei Bauarbeiten im Verlauf des 19. Jahrhunderts kamen immer wieder auch Relikte der zivilen Besiedlung zutage, etwa eine Sonnenuhr, Widmungsinschriften, Fundamente von Wohnhäusern oder Reste eines Mithras-Tempels.

Die badefreudigen Römer schätzten früh die warmen Heilquellen. Als erste Thermenanlage, von der sie sich Erholung und Gesundung versprachen, bauten sie die Schützenhofquelle. Weitere Thermen südlich des heutigen Kochbrunnens (im Gebiet zwischen Schwalbacher Straße, Wilhelm- und Friedrichstraße) folgten. Sogar der römische Gelehrte und Beamte Plinius der Ältere (23–79) erwähnte sie in seiner umfangreichen Enzyklopädie „Naturalis historia". In römischer Zeit also liegt Wiesbadens Ruf als Kurstadt begründet. Aufgrund dieser Heilquellen, die sich schnell auf den Wohlstand der Siedlung

An die römische Epoche Wiesbadens erinnert die Römermauer mit dem 1903 angelegten Römertor.

auswirkten, erhielt sie den Namenszusatz Aquae.

Die rund 500 Jahre währende römische Präsenz im Gebiet des heutigen Südwestdeutschlands hatte mit der Eroberungspolitik im Jahr 58 vor Christus begonnen und weitete sich bis 70 nach Christus aus. Es folgte bis zur Mitte des dritten Jahrhunderts eine lange Zeit des Friedens. Dann leitete die Epoche der Abwehrkämpfe das Ende der römischen Vormacht in Gallien und Germanien um 450 ein. Diese Jahrhunderte haben die Regionen am Rhein nachhaltig geprägt, daran erinnern auch in Wiesbaden zahlreiche römische Relikte. Zu den Höhepunkten der Römersammlung im Museum zählen der „thronende Jupiter“ aus Igstadt und die Jupitergigantensäule aus Schierstein (beide aus der Zeit um 220). Große Verdienste um die Dokumente dieser Epoche haben sich die Mitglieder des Vereins für Nassauische Altertumskunde und Geschichtsforschung erworben, insbesondere der Althistoriker und Museumsdirektor Emil Ritterling (1861–1928). Im November 1812 in Wiesbaden gegründet, gehört der Verein zu den ältesten Geschichtsvereinen Deutschlands.

3 Gelegen auf der Sonnenseite
Burg Sonnenberg

Bei einem Rundgang durch das Zentrum der hessischen Landeshauptstadt könnte man angesichts der Vielzahl prachtvoller Fassaden aus der Gründerzeit und des Jugendstils meinen, Wiesbaden sei eine Stadt des 19. Jahrhunderts. Doch etwas abseits vom Zentrum entdeckt der aufmerksame Besucher ein Bauwerk, das mit der Stadtgeschichte verbunden ist und aus dem hohen Mittelalter stammt: die Ruine der Burg Sonnenberg.

Der Stadtteil Sonnenberg wird gern als „Wiesbadens Sonnenseite“ bezeichnet, hier sollen die meisten Millionäre der Stadt wohnen, imposante Villen scheinen dies zu belegen. Der 1928 eingemeindete, heute rund 8000 Einwohner große Ortsbezirk blickt auf eine mehr als 800-jährige Geschichte zurück. Die Sehenswürdigkeit des Ortes, am Rand der Taunusausläufer gelegen, sind die Überreste der um 1200 errichtete Burg Sonnenberg. Bauherr waren Heinrich II. und Ruprecht IV. von Nassau, die in der Zeit zwischen 1180 und 1250 lebten und deren Vater Walram I. (um 1146 bis 1198) Stammvater des Hauses Nassau war. Die Brüder ließen die wehrhafte Höhenburg zum Schutz des Königshofs Wiesbaden vor den benachbarten Herren von Eppstein und deren Lehnsherrn, dem Erzbischof von Mainz, erbauen. Im Lauf der Jahrhunderte wechselte die Anlage mehrfach ihren Besitzer, sie wurde erweitert, unter anderem von Adolf von Nassau (um 1250 bis 1298), dem späteren deutsch-römischen König, ebenso oft beschädigt und dann wieder aufgebaut. Zu den prominenten Besuchern der monumentalen Burg im späten Mittelalter gehörte Kaiser Ludwig der Bayer (um 1285 bis 1347). Die Bedeutung des Standortes für die Reichsgeschichte betonte auch der König und spätere Kaiser Karl IV. (1316–1378), der im Jahr 1351 Sonnenberg die Stadtrechte verlieh.

Die Wirren des Dreißigjährigen Krieges (1618–1648) bedeuteten die fast vollständige Zerstörung der Burg, jahrzehntelang wurden ihre Steine zum Wiederaufbau der umliegenden Häuser verwendet. Seitdem verfiel die Ruine in einen Dornröschenschlaf, bis sie im Zeitalter der Rheinromantik zum beliebten Ausflugsziel Wiesbadener Kurgäste wurde. Ein Aussichtstempel, eine Wirtschaft und sogar ein Museum versprachen einen angenehmen Aufenthalt, auch konnten die Besucher auf den Spuren Johann Wolfgang von Goethes (1749–1832) wandeln, der hier 1814 den Vorabend seines 65. Geburtstages begangen hatte. Mit der Verlängerung des Kurparks bis an den Rand der Stadt Sonnenberg 1852 war die instandgesetzte Burgruine, seit 1875 im Besitz der Gemeinde, bequem zu erreichen und über die Zeiten hinweg auch für Schulklassen das mehr oder weniger beschwerliche Ziel eines Wandertages. Ein kurzer, aber heftiger

Auch ohne Sonnenschein wirkt die Burg Sonnenberg im gleichnamigen Stadtteil imposant.

Bombenangriff Anfang Februar 1945 auf das nördliche Stadtgebiet zerstörte erneut die Anlage.

Mit der Wiedereröffnung des Museums und eines Restaurants sowie der Sanierung des Bergfrieds in den 1950er- und 60er-Jahren zog neues Leben in die Ruine ein, doch von Dauer war die notdürftige Instandsetzung nicht. Erst in den letzten Jahren wurde Sonnenberg fachgerecht und mit hohem finanziellen Aufwand grundlegend saniert, sodass heute der Kapellenturm, das Bierstadter Tor, der Palas und der 24 Meter hohe, von Weitem sichtbare Bergfried sowie das Museum mit archäologischen Funden einen anschaulichen Einblick ins Mittelalter gewähren. Ein weiteres Vergnügen bieten die Burgfestspiele, die alljährlich im Burggarten der Ruine stattfinden.

4 Mittelalterliches Ordensleben
Kloster Klarenthal

Zur mittelalterlichen Geschichte der Stadt gehören Gründung, Aufstieg und Niedergang des Klosters Klarenthal. Gern gründeten Herrscher Klöster und Stifte, um dort für ihr Seelenheil beten zu lassen, um unliebsame oder bedürftige Familienangehörige unterzubringen, als soziale Fürsorgeeinrichtung für die Bevölkerung, zur Stärkung der Wirtschaft oder als Grablege. Meistens waren mehrere Aspekte ausschlaggebend für die Stiftung eines Klosters.

Adolf (um 1250 bis 1298), Sohn des Grafen Walram II. von Nassau (um 1220 bis 1276) und von dessen Frau Adelheid von Katzenelnbogen (verstorben 1288), stammte aus „bescheidenen" Verhältnissen, bedenkt man, dass er im Mai 1292 als Nachfolger Rudolfs von Habsburg (1218–1291) zum römisch-deutschen König gewählt wurde. Seit 1277 Graf von Nassau, lag sein Territorium zwischen Lahn und Taunus, die Orte Weilburg und Wiesbaden gehörten dazu wie auch die Residenz Idstein. Die Stiftung für ein Kloster in seinem Stammland verfügte Adolf am 6. Januar 1298 in Speyer auf Wunsch seiner Frau Imagina (um 1250 bis um 1318). Bereits 1296 hatte er dafür ein Gelände erworben, und unter Leitung von Franziskanermönchen aus Mainz hatte im September desselben Jahres die Grundsteinlegung im Tal Bruderrode stattgefunden, südlich der Taunusausläufer und etwa sechs Kilometer westlich der Burg Sonnenberg.

Imagina, eine geborene Gräfin von Isenburg-Limburg, kannte aus ihrer Heimat das Wirken der Klarissen und auch ihre Schwiegermutter Adelheid war diesem Bettelorden zugetan; sie hatte das 1272 gegründete Reichklarissenkloster in Mainz gefördert und fand dort auch ihre letzte Ruhestätte. Zu den Idealen der Gemeinschaft gehörten die Kontemplation, das Streben nach Frömmigkeit und ein einfaches Leben. Die Neugründung Klarenthal (Clarendal) ist benannt nach Klara von Assisi (1193/94–1253), Gründerin des Klarissenordens. Adolf, der das Kloster als Erbbegräbnis für seine Familie vorgesehen hatte, erweiterte die Stiftung um drei Höfe in Biebrich und Mosbach, die die wirtschaftliche Existenz der Nonnen sicherten. Der Stifterbrief hat die Jahrhunderte überdauert, er liegt gut verwahrt im Hauptstaatsarchiv und gehört zu den ältesten Urkunden des Landes. Die Vollendung der Anlage jedoch erlebte Adolf nicht mehr, er war als König Ende Juni 1298 abgesetzt worden und wenige Tage später in der Schlacht von Göllheim zu Tode gekommen. Zunächst im Zisterzienserkloster Rosenthal bei Göllheim beigesetzt, wurde er 1309 durch König Heinrich VII. (1278–1313) nach Speyer überführt.

Erste Vorsteherin des Klosters wurde Richardis (verstorben 1311), eine Schwester Adolfs. Imagina, die ihren Mann 20 Jahre überlebte, nahm ihren Witwensitz auf der Burg Weilburg, bevor sie am Ende ihres Lebens ins Kloster eintrat, das zu der Zeit ihre Tochter Adelheid (verstorben 1338) als Äbtissin leitete. Klarenthal, das bis 1370 Grablege der Familie war, prosperierte im 14. Jahrhundert dank seiner Güter im Rheingau und im Gebiet des späteren Rheinhessen und wurde stetig erweitert. Der stattliche Komplex, zu dem auch eine erstmals 1317 erwähnte Mühle gehörte, bestand aus Klosterkirche, Äbtissinnenhaus, Klausurgebäude, Siechenhaus, Refektorium, Dormitorium, Konventhaus, Küche, Wasch- und Badehaus, Korn-, Back- und Kelterhaus, einem Haus für Laienschwestern und Gesinde, zwei Scheunen und einem Friedhof. Predigt und Seelsorge übernahmen Angehörige des Franziskanerordens in Mainz.

Nachwuchsprobleme, fehlende Förderung und damit der wirtschaftliche Niedergang während der Reformation führten zur Säkularisierung des Klosters 1559. Über die Jahrhunderte hinweg hatten 25 Äbtissinnen von Rang und Namen über Wohl und Leid der Gemeinschaft gewacht. Ab 1607, unter Graf Ludwig II. von Nassau-Weilburg (1565–1627), fungierte die Anlage als Landeshospital, bis der Dreißigjährige Krieg (1618–1648) große Schäden anrichtete. Bis 1650 nutzten Jesuiten kurzzeitig das Kloster, bevor sich Anfang des 18. Jahrhunderts für ein paar Jahre eine von Hugenotten geführte Spiegelglasmanufaktur niederließ. Für rund 120 Jahre bewirtschaftete dann eine Papiermühle die Gebäude. Sie fielen 1840 einem Brand zum Opfer. Bereits 1756 war wegen Baufälligkeit die Klosterkirche abgerissen worden. Von Fundamenten abgesehen, haben sich keine historischen Gebäude erhalten. Die nach der Auflösung des Klosters in die Mauritiuskirche verbrachten Grabsteine der nassauischen Grafenfamilie wurden beim Brand der Kirche 1850 vernichtet. Lediglich eine bescheidene, 1730 auf dem ehemaligen Klostergelände erbaute Kapelle erinnert an die wechselvolle Geschichte des einst hier bedeutenden Ordens. Um die Kapelle entstand Mitte des 18. Jahrhunderts eine kleine Siedlung, 1966 wurde die Wohnstadt Klarenthal nach Plänen von Ernst May (1886–1970) errichtet. So erinnert der Name des heutigen Ortsbezirks an Wiesbadens einziges mittelalterliches Kloster.

An die Geschichte des mittelalterlichen Klosters Klarenthal erinnert der Grabstein von Anna Brendel von Homburg (1525–1553), letzte Äbtissin des Klosters, angebracht an der Außenwand der 1730 erbauten Kapelle.

5 Ältestes Hotel Deutschlands „Schwarzer Bock“

Eine Kur- und Landeshauptstadt empfängt das ganze Jahr über Gäste, daher wundert es nicht, dass in Wiesbaden heute mehr als 100 Hotels existieren, von denen einige auf eine lange Tradition zurückblicken können. Das Hotel „Schwarzer Bock“ am Kranzplatz gibt es bereits seit 1486, damit gilt es als ältestes Hotel Deutschlands.

Erster Besitzer des ehemaligen Badehauses soll laut Überlieferung der schwarzhaarige Bürgermeister Philipp zum Bock gewesen sein, daher erhielt das Haus die Bezeichnung „Schwarzer Bock“ und das übliche Gasthausschild zeigte einen schwarzen Bockkopf. Im Lauf der Jahrhunderte wurde das Haus mehrfach zerstört und immer wieder neu errichtet, auch die Namen variierten („Bock“, „Zum schwarzen Bock“, „Schwarzer Bock“). Beim Kochbrunnen in unmittelbarer Nähe hatte es bereits seit dem späten Mittelalter weitere Badehäuser gegeben, so „Zum Rindsfuß“ (1423), „Schwan“ (1471), „Rose“ (1500), „Engel“ (1524), „Roter Löwe“ (1524), „Glocke“ (1532), doch als Gasthaus überdauert hat nur der „Schwarze Bock“.

1736 als „Badehaus ersten Ranges“ bezeichnet, steigerte er seine Bekanntheit mit einem zusätzlichen Angebot als Pferdebad. Das Haus an zentraler Stelle fungierte in der ersten Hälfte des 19. Jahrhunderts als Poststation, das heißt, hier konnten Reisende übernachten und frische Pferde standen ihnen zur Verfügung, hier wechselten Reiter und Kuriere. Den Inhaber des „Schwarzen Bocks“ machte die Doppelfunktion als Posthalter und Gastwirt zu einem wohlhabenden Mann. Das heutige Hotelgebäude, das über eine eigene Thermalquelle verfügt, stammt aus dem Jahr 1872. Am Ende des Zweiten Weltkrieges wurden die Obergeschosse stark beschädigt, der Wiederaufbau erfolgte in vereinfachter Form, die ursprünglich prachtvolle Fassadengestaltung ist nur noch teilweise erhalten. Seit 1995 gehört das traditionsreiche Luxushotel zur Radisson Hotel Group.

Um 1900 hatte Wiesbaden die höchste Grandhotel-Dichte weltweit. Ein weiteres der 30 Häuser „ersten Ranges“, die bereits damals Zimmer mit fließendem Wasser, elektrischem Licht, Zentralheizung und einen Fahrstuhl sowie Telefon im Haus anboten, war das Hotel „Vier Jahreszeiten“, 1821 mit eigenem Badehaus an der Wilhelmstraße errichtet. Ausgestattet war es mit 150 komfortablen Zimmern und 44 Bädern sowie einem herrschaftlichen Speisesaal, in dem 120 Gäste gleichzeitig bewirtet werden konnten. Gern logierte hier der europäische Hochadel wie Kaiserin Sisi von Österreich (1837–1898), die sich hier im März 1884 mit ihrer Tochter Marie Valerie (1868–1924) aufhielt. Mit der Bombardierung am 2. Februar 1945 endete die glorreiche Epoche dieses stadtgeschichtlich bedeutsamen Hotels. Ebenfalls von Prominenten aus aller Welt aufgesucht wurde und wird das Hotel „Nassauer Hof“ am Kaiser-Friedrich-Platz, das 1813

Das Hotel „Schwarzer Bock" (heute Radisson Blu) am Kranzplatz ist seit 1486 bekannt, es gilt als ältestes Hotel Deutschlands.

(zunächst als „Deutsches Haus") eingeweiht worden ist. Der heutige Prachtbau im Stil des Historismus wurde 1898 eröffnet. Seit 2005 wurde es als erstes Hotel in Deutschland in die Klasse „5 Sterne Superior" der Deutschen Hotelklassifizierung aufgenommen. Auch der „Nassauer Hof" besitzt eine eigene Thermalquelle und darüber hinaus eine Präsidentensuite. Zu den Staatsgästen, die sich hier bedienen ließen, zählen Kaiser Wilhelm II., Zar Nikolaus II. (1868–1918), Reichsminister Walter Rathenau (1867–1922), Reichspräsident Paul von Hindenburg (1847–1934), US-Präsident John F. Kennedy (1917–1963), der Dalai Lama (geb. 1935) und der russische Staatschef Wladimir Putin (geb. 1952).

Während in Bahnhofsnähe der „Luisenhof" (1840) und das „Hansa Hotel" (1865) noch in Betrieb sind, gehören andere Luxushotels längst der Vergangenheit an: „Hotel Ries" (1901) und „Palast Hotel" (1903) am Kranzplatz, „Goldene Kette" (1904) und „Goldener Brunnen" (1905) in der Goldgasse, das „Rheinhotel" (1873) in der Rheinstraße oder das „Hotel St. Petersburg" (1885) und „Bellevue" (1891) am Marktplatz; immerhin haben die prachtvollen Gebäude den Krieg überstanden. Aus der Gründerzeit stammen ebenfalls zwei Luxushotels, die sich vornehmlich an jüdisches Publikum wandten: das Hotel „Zum Badischen Hof" und das noble „Savoy-Hotel", das ebenso eine eigene Thermalquelle hatte und als „einziges jüdisches Hotel 1. Ranges" mit „streng ritueller Küche" warb. Eine neue Nutzung erfahren hat auch das Grandhotel „Rose" beim Kochbrunnenplatz und damit ebenfalls im Quellenviertel gelegen. Der schlossähnliche Komplex wurde 1896 und 1903 errichtet; seit 2004 beherbergt dieser repräsentative Bau die Hessische Staatskanzlei.

6 Das älteste Gebäude der Stadt
Das Alte Rathaus

Angesichts der prachtvollen Umgebung wirkt es bescheiden und ist leicht zu übersehen, obgleich es von besonderem Charme ist und vor allem viel Geschichte zu erzählen hat: das Alte Rathaus an der Marktstraße, in unmittelbarer Nähe zum Schlossplatz. Links neben dem Haupteingang befindet sich das Stadtwappen, darunter die Jahreszahl 1610 – damit ist dieses Haus das älteste Gebäude der Innenstadt.

Als das Rathaus im Stil der Renaissance errichtet wurde, lebten in Wiesbaden lediglich rund 1000 Einwohner. In dem Gebäude wurde einst Stadtgeschichte gemacht. Verordnungen wurden erlassen, über den Zuzug von neuen Bürgern wurde abgestimmt, Bauprojekte wurden beschlossen, Steuern erhoben, Märkte und Stadtfeste organisiert, hier tagte für annähernd 300 Jahre der Gemeinderat. Als Zeichen der Gerichtsbarkeit befand sich rechts neben dem Eingang der Pranger mit Halseisen und Ketten. Hier wurden jene Bürger öffentlich zur Schau gestellt, die eine Missetat oder ein Verbrechen begangen hatten, also im wörtlichen Sinne an den Pranger gestellt und damit der gesellschaftlichen Schande ausgesetzt.

Die Fassade wurde im Lauf der Jahrhunderte mehrfach verändert, unter anderem wurde das Fachwerk im Obergeschoss 1828 durch eine Steinmauer ersetzt. Dabei wurden anstelle von fünf Reliefs aus Holz unter den Frontfenstern Steintafeln angebracht. Sie zeigen (von links nach rechts) die Kardinaltugenden Stärke, Gerechtigkeit, Klugheit und Mäßigung, in der Mitte ist die christliche Tugend der Nächstenliebe dargestellt (die Originale befindet sich im Museum). Seine Bedeutung verlor das Gebäude 1887 mit der Einweihung des stattlichen Neuen Rathauses am gegenüber liegenden Schlossplatz. Ein Neubau war unter Oberbürgermeister Carl Bernhard von Ibell (1847–1924) erforderlich geworden, da in Wiesbaden mittlerweile rund 56.000 Einwohner lebten. Dieser beeindruckende Repräsentationsbau aus rotem Mainsandstein im neogotischen Stil mit seinem reichhaltigen Schmuckwerk gehört zu den imposantesten Rathäusern Deutschlands. Während im alten Bau einst nur rund ein Dutzend Männer über das Wohl der Stadt entschied, besteht die heutige Stadtver-

Im Jahr 1887 wurde das repräsentative Neue Rathaus am Schlossplatz eingeweiht.

Das Alte Rathaus an der Marktstraße wurde 1610 errichtet, es ist somit das älteste Gebäude der Wiesbadener Innenstadt.

ordnetenversammlung aus 81 demokratisch gewählten Damen und Herren.

Eine kommunale Aufgabe jedoch hat das Alte Rathaus beibehalten: Es fungiert auch heute noch als Standesamt. Zwischen dem Gebäude und dem Stadtschloss steht ein weiterer geschichtsträchtiger Bau, der 1753 errichtete Marktbrunnen. Inmitten des achteckigen Beckens erhebt sich eine Säule, die von dem nassauischen Löwen mit Schild bekrönt wird. Der Platz um den Brunnen ist alljährlich in der Adventszeit Teil des Sternschnuppenmarkts.

7 Ältester Musikverlag der Welt
Breitkopf & Härtel

Im benachbarten Mainz befindet sich mit dem 1770 gegründeten Musikverlag Schott ein traditionsreiches Unternehmen, doch der älteste Musikverlag der Welt hat seinen Sitz in Wiesbaden – es ist der Verlag Breitkopf & Härtel.

Die Wurzeln des renommierten Verlags liegen in Leipzig. Dort heiratete 1718 Bernhard Christoph Breitkopf (1695–1777) in die Familie Müller ein, die seit 1664 eine Druckerei betrieb. Ein Jahr später baute er dieses Unternehmen aus, er bot nun auch Verlagstätigkeiten an, sodass das Jahr 1719 als Gründungsjahr des Musikverlages gilt. Für die Vergrößerung seines Betriebes erwarb er das Gebäude des ehemaligen Wirtshauses „Goldener Bär"; daher ist das Wappentier des Gasthofschildes von einst bis heute das Logo des Verlages. Zu Breitkopfs frühen Druckerzeugnissen gehört „Schemellis Gesangbuch" (1736), an dem Johann Sebastian Bach (1685–1750) mitgewirkt hatte. Dank seiner Erfindung des Notendrucks mit beweglichen Lettern machte er sich schnell als Musikverleger einen Namen. Im Lauf der Jahrzehnte verlegte Breitkopf und dann dessen Sohn Johann Gottlob Immanuel (1719–1794) die Werke bekannter Komponisten des deutschsprachigen Raums wie Georg Philipp Telemann (1681–1767), Johann Joachim Quantz (1697–1773), Leopold Mozart (1719–1787) oder Joseph Haydn (1732–1809). Bernhard Theodor Breitkopf (1749–1810), Enkel des Unternehmensgründers, vertonte die ersten Gedichte des jungen, noch unbekannten Johann Wolfgang von Goethe.

1795 trat Gottfried Christoph Härtel (1763–1827) als Kompagnon dem Verlag bei, der seit 1796 unter dem Namen „Breitkopf & Härtel" firmiert. Im 19. Jahrhundert expandierte der Betrieb, der nun unter den Nachkommen Härtels weitere Komponisten wie Franz Schubert (1797–1828), Richard Wagner (1813–1883) oder Robert (1810–1856) und Clara Schumann (1819–1896) verlegte und auch Hammer-

Bernhard Christoph Breitkopf (1695–1777), der Verlagsgründer.

Der 1719 gegründete Verlag Breitkopf & Härtel ist der älteste Musikverlag der Welt; hier das Verwaltungsgebäude in der Walkmühlstraße.

klaviere produzierte. Nach Hermann Härtels (1803–1875) Tod führten seine Neffen Oskar von Hase (1846–1921) und Wilhelm Volkmann (1837–1896) den Verlag erfolgreich weiter. International geschätzt wurden die Gesamtausgaben der verlegten Musiker, Musikzeitschriften und Ausgaben in verschiedenen Standardausführungen. Zu Beginn des 20. Jahrhunderts waren rund 1000 Angestellte für Breitkopf & Härtel tätig. Unter der nationalsozialistischen Herrschaft ab 1933 befand sich der Verlag zwischen Anpassungsdruck und Selbstbehauptung. Zum Programm gehörten nun auch NS-Literatur und das „Jahrbuch der deutschen Luftwaffe", die das wirtschaftliche Überleben sicherten. Während des Zweiten Weltkrieges war ein Großteil des Verlagsarchivs ausgelagert, darunter wertvolle Korrespondenzen, Korrekturabzüge und Erstausgaben, es steht heute unter Kulturgutschutz und befindet sich im Staatsarchiv Leipzig. Dagegen wurde das Verlagsgebäude, seit 1867 in der Nürnberger Straße gelegen, schwer beschädigt.

Den Neuanfang in Wiesbaden wagte Hellmuth von Hase (1891–1979) mit seiner Familie und einigen Mitarbeitern. In der DDR wurde der Verlag enteignet, er bestand weiter als VEB Breitkopf & Härtel, die Rückübereignung fand 1991 statt. Seit 1967 residiert das traditionsreiche Unternehmen in der Walkmühlstraße. Der durch Aufkauf anderer Verlage spartenreiche Konzern ist international tätig, die verlagseigene Druckerei übernimmt auch Aufträge für andere Verlage. Seit 2017 besteht wieder eine Niederlassung am Gründungsort Leipzig.

8 Barockresidenz am Fluss
Schloss Biebrich

Das größte und sicher schönste Schloss am Mittelrhein und darüber hinaus befindet sich in Wiesbaden – wenige Meter vom Rheinufer bei Biebrich entfernt, umgeben von einem der reizvollsten Landschaftsgärten Hessens: Schloss Biebrich. Wie bei solchen Bauten üblich, hat auch dieses Barockschloss eine wechselvolle Geschichte.

Bescheiden waren die Anfänge. Als Ursprung des heutigen Komplexes gilt ein Gartenhäuschen, das sich Georg August von Nassau-Idstein (1665–1721) errichten ließ. Als junger Mann hatte der spätere Bauherr zahlreiche Schlösser in Europa kennengelernt, unter anderem Versailles, zugleich aber auch militärische Stärke bewiesen. Zum Dank für seine Erfolge bei der Verteidigung Wiens gegen die Türken im Sommer 1683 erhob Kaiser Leopold I. (1640–1705) den seit 1684 regierenden Grafen 1688 in den Fürstenstand. Georg August lebte mit seiner Frau Henriette Dorothea (1672–1728) im Residenzschloss Idstein, doch hielten sich die beiden aufgrund der bezaubernden Lage zunehmend in Biebrich auf, wo das Gartenhaus im Lauf der Jahre zu einem Lustschloss ausgebaut wurde, nach Plänen des Festungsbaumeisters Maximilian von Welsch (1671–1745) und nach dem Vorbild der Kasseler Orangerie. Fürst Georg August erlebte die Vollendung seines Schlossbaus am Rhein nicht. Sein Nachfolger Fürst Karl von Nassau-Usingen (1712–1775) ließ den Bau mit der markanten Rotunde (mit Festsaal) durch Friedrich Joachim Stengel (1694–1787) zu einer prachtvollen Dreiflügelanlage erweitern. Nach der Fertigstellung verlegte er seine Residenz von Usingen nach Biebrich.

Bis zum Bezug des Stadtschlosses in Wiesbaden 1841 blieb Schloss Biebrich die nassauische Hauptresidenz, danach wurde es noch bis zum Verlust der Souveränität 1866 als Sommerresidenz der Herzöge genutzt. Das großzügige Anwesen mit seinem alten Baumbestand verblieb im Privatbesitz Herzog Adolphs (1817–1905), letzter Regent des Landes, dessen Nachkommen das Schloss 1935 an den preußischen Staat verkauften. Es wurde im Zweiten Weltkrieg schwer beschädigt, erst 1982 erfolgte unter dem hessischen Ministerpräsidenten Holger Börner (1931–2006) eine umfassende Sanierung mit Rekonstruktion des zerstörten Ostflügels, sodass sich das Schloss wieder so präsentiert wie zur Glanzzeit um 1750.

Vielfältig ist die heutige Nutzung des historischen Gebäudes, das dem Land Hessen gehört. Untergebracht sind unter anderem die Hauptdienststelle des Landesamtes für Denkmalpflege, der Landesbetrieb Bau und Immobilien, die deutsche Film- und Medienbewertung. Gern werden die repräsentative Rotunde, die Galerien und die Erdgeschosse der Pavillons für festliche Empfänge genutzt. Nördlich des schönen Schlosses erstreckt sich auf einer Länge von 1200 Metern der Park, der ursprünglich als französischer Garten angelegt worden ist. Unter dem aus

Das zwischen 1700 und 1750 errichtete Barockschloss Biebrich gilt als „Versailles am Rhein“.

Weilburg stammenden bekannten Gartengestalter Friedrich Ludwig von Sckell (1750–1823), Vollender des Englischen Gartens in München, wurde die Grünanlage in einen englischen Landschaftspark verwandelt. Hier findet seit 1949 alljährlich das internationale Pfingstturnier des Wiesbadener Reit- und Fahr-Clubs e.V. (WRFC) statt. Der Park, das Schloss und der Rhein bilden eine Einheit, einen attraktiven Ort der Erholung, der Abwechslung, der Freude. Das wusste bereits 1818 die Reiseschriftstellerin Johanna Schopenhauer (1766–1838), die die Lage Biebrichs „unbeschreiblich schön fand“: „Der das Schloss umgebende Garten hat sehr reizende Partien. Bald wandelten wir dicht am Ufer des lebensreichen Stromes, bald gewährten uns schattige Baumgänge einzelne Blicke auf ihn und seine Umgebung. Dann wanden wir uns wieder durch schlängelnde Fußsteige zwischen Blumen und blühendem Gesträuch. Hohe Bogengänge, dicht bezogen mit Aprikosen, Pfirsichen und Reben (…) versetzten mich ganz in den glücklichen, immer blühenden Süden.“

9 Gewonnen oder verloren
Die Spielbank von 1771

Die Jagd nach dem großen Glück gibt es seit Jahrhunderten. Fanden einst Glücksspieler wie auch Wahrsager Gleichgesinnte auf Jahrmärkten und Messen, etablierte sich das Glücksspiel ab dem frühen 18. Jahrhundert vor allem in Kurorten. Zu den frühen und damit traditionsreichsten Spielcasinos in Deutschland gehört die Spielbank Wiesbaden.

Unter Fürst Karl (1712–1775), der seit 1733 die Regierungsgeschäfte des Fürstentums Nassau-Usingen führte, erlebte der damals rund 1500 Einwohner große Ort eine Aufwertung. 1744 verlegte er die Residenz von Usingen ins Schloss Biebrich, ließ repräsentative Bauten und eine Fayencemanufaktur errichten und eine Druckerei ansiedeln und erteilte 1771 eine Genehmigung für das Glücksspiel. Doch erst vier Jahrzehnte später konnte der zunächst in Gasthäusern nachgegangenen Sucht nach Roulette, Lotterie, Karten- und Würfelspiel an einem gehobenen, zentralen Ort gefrönt werden – im neu errichteten (alten) Kurhaus, das 1907 durch das heutige Kurhaus ersetzt wurde.

Im Februar 1834 erhielt der umtriebige französische Geschäftsmann Antoine Chabert (1774–1850) das Glücksspielmonopol für die Spielbanken im Herzogtum Nassau. Damit war er nicht nur Pächter des Casinos in Wiesbaden, sondern auch derer in Schlangenbad, Schwalbach und in Bad Ems, der ältesten Einrichtung dieser Art in Deutschland. Wie auch an anderen Kurorten mit Spielbankbetrieb galt in Wiesbaden bis 1986 das Residenzverbot, das heißt, Bewohner und Beamte der Stadt waren vom Glücksspiel ausgeschlossen. Doch jahrelang strömte die feine Gesellschaft vor allem aus Frankfurt hierher, seit 1841 auch mit der Eisenbahn, bis das 1868 vom preußischen König Wilhelm (1797–1888) erlassene „Gesetz, betreffend die Schließung und Beschränkung der öffentlichen Spielbanken“ für den Norddeutschen Bund ein Jahr nach der Gründung des Kaiserreichs (1871) deutschlandweit in Kraft trat; damit endete für fast 80 Jahre der offizielle Spielbetrieb in Wiesbaden.

Zu den prominenten Spielgästen aus aller Welt gehörte der russische Schriftsteller Fjodor Dostojewski (1821–1881), der die eigenen Erlebnisse der Spielsucht in seinem meisterhaften Roman „Der Spieler“ (1867) nachvollziehbar beschrieb. Nachdem er 1871 während seines vierten Aufenthaltes sein ganzes Geld am Spieltisch verloren hatte, schrieb er an seine Frau Anna Snitkina (1846–1918): „Jetzt ist es zu Ende, dies ist das allerletzte Mal gewesen … Ich war durch das Spiel gebunden, jetzt werde ich an die Arbeit denken. Jetzt, da ich erneuert bin, werden wir zusammen durch das Leben gehen, und ich werde dafür sorgen, dass du glücklich wirst.“ 1996 widmete die Spielbank anlässlich ihres 225. Geburtstages Dostojewski ein Denkmal im Kurhausgarten.

Ein Neubeginn der Spielbank mit dem Großen Spiel (Roulette, Black Jack, Poker) fand erst im Oktober 1949, ein halbes Jahr

Das Kurhaus von 1907 beherbergt auch die Wiesbadener Spielbank, deren Ursprung jedoch im Jahr 1771 liegt.

nach Gründung der Bundesrepublik, statt, zunächst im Foyer des Hessischen Staatstheaters, seit 1955 im ehemaligen Weinsaal und dem Nordflügel des Kurhauses. 1956 eröffnete in den Kurhauskolonnaden das Kleine Spiel (Automatenbetrieb). Jährlich besuchen rund 200.000 elegant gekleidete Spielfreudige den neoklassizistischen Saal mit seinen kostbaren Wand- und Deckentäfelungen aus Kirschbaumholz sowie seinen imposanten Kristallleuchtern und warten den richtigen Moment ab, bis die Croupiers dezent, aber bestimmt mahnen: „Faites vos jeux“ oder „Rien ne va plus“.

10 Ein prickelndes Vergnügen
Söhnlein Brillant und Henkell Trocken

„Söhnlein Brillant" – schon der klangvolle Name perlt, erst recht ist es so im Glas. Dieser Markenname besteht seit 1964, doch das Unternehmen ist genau 100 Jahre älter. 1987 fusionierte der Betrieb mit dem Wettbewerber Henkell & Co., der sogar auf eine noch längere Firmengeschichte zurückblickt.

Johann Jacob Söhnlein (1827–1912), bislang Mitinhaber einer Tabak- und Zigarrenhandlung in Frankfurt, gründete 1864 die Firma „Rheingauer Schaumweinfabrik" im damals selbstständigen Schierstein. Als Grundwein verwendete er den qualitativ hochwertigen Rheingauer Riesling. Söhnlein, ein Bewunderer von Richard Wagners (1813–1883) Musik, vermarktete bereits 1876 seine Produkte unter der Bezeichnung „Rheingold" – es war die erste deutsche Sektmarke, die ins deutsche Markenregister eingetragen wurde und die rasch deutschlandweit Verbreitung fand. Kaiser Wilhelm I. (1797–1888) hatte bereits 1875 verfügt, dass die kaiserlichen Kriegs-

schiffe nur mit Söhnlein-Sekt getauft werden durften. Zwar war Schaumwein im Kaiserreich wesentlich teurer und lange nicht so alltäglich wie heute, doch das Unternehmen expandierte durch Zukäufe und änderte dabei mehrfach seinen Namen. Die 1958 vom Bielefelder Unternehmer Rudolf August Oetker (1916–2007) übernommene Firma Söhnlein Rheingold AG fusionierte 1987, als Sekt längst zu einem beliebten Massenprodukt geworden war, mit dem langjährigen Wettbewerber Henkell & Co.

Die Geschichte dieses Unternehmens in der Region reicht noch weiter zurück: Es wurde 1832 von Adam Henkell (1801–1866) in Mainz gegründet. Der Enkel Otto (1869–1929) verlagerte 1909 die Kellerei nach Biebrich, wo er von dem bekannten Stuttgarter Architekten Paul Bonatz (1877–1956) eine schlossähnliche Anlage im neoklassizistischen Stil für Verwaltung und Produktion an der Biebricher Allee errichten ließ. Bereits seit Ende des 19. Jahrhunderts vermarktete er vor allem die Marke „Henkell Trocken" international. 1920 heiratete Otto Henkells Tochter Annelies (1896–1973) Joachim von Ribbentrop (1893–1946), damals Inhaber einer Handelsfirma für französische Weine und Liköre, der zunächst für die Berliner Niederlassung von Henkell & Co. zuständig war. Er übernahm ab 1933 verschiedene Funktionen für das nationalsozialistische Regime, unter anderem war er ab 1938 Außenminister des Deutschen Reiches. 1935 entwickelte das Unternehmen den Piccolo, also die 0,2-Liter-Sektflasche; längst ist dieser geschützte Markenbegriff das Synonym für eine kleine Flasche Sekt geworden.

Wie die Söhnlein Rheingold AG expandierte auch Henkell international, übernommen wurden im Lauf der Jahrzehnte bekannte Marken wie Deinhard Sektkellerei KG, Kupferberg Gold, Scharlachberg Meisterbrand, Kuemmerling oder Fürst Bismarck und Wodka Gorbatschow, auch wurden Beteiligungen an ausländischen Unternehmen wie Freixenet erworben. Seit November 2021 gehört die Henkell & Co. Sektkellerei mit ihren zahlreichen Tochterunternehmen und den vielen geschichtsträchtigen Marken zur Geschwister Oetker Beteiligungen KG mit Sitz in Bielefeld. Doch nach wie vor lässt sich die prickelnde Lebensfreude im repräsentativen Stammhaus an der Biebricher Allee erleben – mit Einblicken in die Sektherstellung und erst recht mit der Verkostung der edlen Tropfen.

Schlossartig wirkt das 1909 vollendete Verwaltungsgebäude des Unternehmens Henkell & Co. Sektkellerei KG an der Biebricher Allee.

11 Erforscher von Mineralwasser
Carl Remigius Fresenius

Zahlreiche Wasserflaschen enthalten auf ihrem Etikett einen Hinweis auf Beschaffenheit und Qualität ihres Inhalts. Für die aufschlussreiche Analyse zuständig ist oftmals das Institut Fresenius mit Sitz in Taunusstein, das zu den führenden Dienstleistern für nicht-medizinische Laboranalytik in Europa zählt – es hat seinen Ursprung in Wiesbaden.

Am Anfang dieser Unternehmensgeschichte steht der aus Frankfurt stammende Carl Remigius Fresenius (1818–1897), der nach einer Lehre als Apothekergehilfe Chemie in Bonn studierte. Das wissenschaftliche Chemiestudium steckte damals noch in den Anfangsjahren, es entwickelte sich erst allmählich aus einem Unterbereich des Medizinstudiums zu einer eigenständigen Disziplin. Ein Pionier der Hochschulchemie war Justus Liebig (1803–1873), der seit 1824 an der Ludwigs-Universität Gießen lehrte und das moderne Analyseverfahren entwickelte. Bei ihm studierte Fresenius, der von 1842 bis 1845 auch als sein Privatassistent fungierte. Mit seinem viel beachteten Werk „Anleitung zur quantitativen chemischen Analyse" machte er sich deutschlandweit einen Namen.

Im September 1845 nahm er einen Ruf als Professor für Chemie und Physik am Herzoglich-Nassauischen Landwirtschaftlichen Institut an. Diese 1818 in Idstein als erste landwirtschaftliche Winterschule (Veranstaltungen fanden ursprünglich nur im Winterhalbjahr statt) gegründete Einrichtung befand sich seit 1834 in Wiesbaden, auf dem Hof Geisberg nördlich des Alten Kurhauses. Bereits nach wenigen Jahren machte sich Fresenius selbstständig, er richtete in der Steinhohl (spätere Kapellenstraße) ein eigenes Labor ein und erweiterte seine Lehranstalt nach und nach zu einer führenden Akademie für Chemie, Pharmazie und Ökologie, die die Grundlage der heutigen Hochschule Fresenius (Moritzstraße) bildete.

Fresenius war nicht nur ein begeisterter Forscher, sondern auch ein begabter Pädagoge, der rund 50 Jahre lang an der Spitze einer von ihm geschaffenen hervorragenden Ausbildungsstätte für Chemiker, Pharmazeuten und Lebensmitteltechniker stand, die bereits Ende des 19. Jahrhunderts weit über die Grenzen Deutschlands hinaus anerkannt war. Neben der Veröffentlichung wissenschaftlicher Beiträge – unter anderem gab er ab 1862 die „Zeitschrift für Analytische Chemie" heraus – förderte er aktiv und passiv den Nassauischen Verein für Naturkunde. Mit der Erforschung der Wiesbadener und anderer nassauischer Heil- und Mineralwässer schuf er die Grundlagen der heutigen SGS Institut Fresenius GmbH, die als weltweit führendes Unternehmen in den Bereichen Prüfen, Testen, Verifizieren und Zertifizieren gilt. Carl Remigius Fresenius wurde vielfach geehrt. Er war seit 1852 Mitglied der Leopoldina, der ältesten naturwissenschaftlich-medizinischen Gelehrtengesellschaft

Alter Friedhof Wiesbaden, Grabstein für den Chemiker Carl Remigius Fresenius (1818–1897).

in Halle, 1875 wurde er in die Bayerische Akademie der Wissenschaften aufgenommen und 1888 in die Preußische Akademie der Wissenschaften. Die ehrenvollste Auszeichnung war ihm jedoch 1892 die Verleihung der Ehrenbürgerwürde der Stadt Wiesbaden, in deren Stadtverordnetenversammlung er über viele Jahre hinweg tätig war. In Wiesbaden erinnert die Freseniusstraße an den bedeutenden Chemiker, der mehr als 100 Jahre nach seinem Tod eine weitere außergewöhnliche Würdigung erhielt: 2013 stiftete die Gesellschaft Deutscher Chemiker eine Gedenktafel am ehemaligen Gebäude des Laboratoriums Fresenius, mit der sie dieses Haus als „Historische Stätte der Chemie“ auszeichnete.

Nach dem Tod von Carl Remigius Fresenius übernahmen seine beiden Söhne, die Chemiker Heinrich (1847–1920) und Theodor Wilhelm (1856–1936), die Unternehmensleitung. Auch sie machten sich jeweils einen Namen als Dozent, Publizist und Forscher und waren hochgeehrt. Sie erweiterten den Betrieb um eine hygienisch-bakteriologische Abteilung, bauten die Lebensmitteluntersuchung aus und sorgten dafür, dass unter ihren Nachfahren die Fresenius-Analyse zu einem verlässlichen Gütesiegel zahlreicher Mineralwässer wurde.

12 Bessere Bildung für Mädchen
Die Höhere Töchterschule von 1847

Jahrhundertelang lag die Vermittlung von Bildung bei Kirchen und Klöstern. Ab 1500 eröffneten auch Städte Lateinschulen, Vorläufer der Humanistischen Gymnasien, an denen nur Jungen unterrichtet wurden. Von frühen Ausnahmen abgesehen (Herzogtum Pfalz-Zweibrücken 1592, Preußen 1717), setzte sich erst nach und nach die allgemeine Unterrichtspflicht flächendeckend durch, die für Jungen und Mädchen galt. In Wiesbaden initiierten Vertreter des Groß- und Bildungsbürgertums die Gründung einer „Höheren Töchterschule".

Ab dem ersten Drittel des 19. Jahrhunderts errichteten in einigen Städten fortschrittliche Bürger Höhere Töchterschulen, in denen die Mädchen auf ihre späteren Pflichten als Ehefrauen und Mütter vorbereitet wurden. Sie erhielten damit Fähigkeiten und Wissen vermittelt, die über die Elementarkenntnisse in Lesen, Rechnen und Schreiben hinausgingen. Die Wiesbadener Höhere Töchterschule wurde mit Unterstützung des Magistrats 1847 eröffnet. Rund 50 Jahre lang befand sich das Schulgebäude am Luisenplatz, bis 1901 neben der Marktkirche am Schlossplatz ein Neubau eingeweiht wurde. Dieses prachtvolle Gebäude im neogotischen Stil stammte von Stadtbaumeister Felix Genzmer (1856–1929), der zur Jahrhundertwende das Feldherrnviertel, das Dichterviertel und das Rheingauviertel sowie das Foyer des Staatstheaters und das Römertor gestaltete und damit maßgeblich das heutige Stadtbild prägte. Wie auch andere in diesen Jahren erbaute Schulen, so die Oberrealschule (heutige Leibnizschule), war die Schlossplatzschule ein moderner Zweckbau (mit Fachsälen, Brausebad, Turnhalle, Schulküche), der innen und außen aufwendig gestaltet war. Die Fassade der 1945 durch Bomben der Alliierten beschädigten Schule erinnerte an ein Schloss.

Üblich war, dass den Höheren Töchterschulen die studiumvorbereitende Oberstufe (Sekundarstufe II) fehlte. Wenn eine Jugendliche Abitur machen wollte, was selten vorkam, musste sie aufs 1844 gegründete Humanistische Gymnasium am Luisenplatz (die heutige Diltheyschule) wechseln. Immerhin änderte sich dieser Zustand bereits 1915 und damit wesentlich früher als in den meisten anderen Städten. In diesem Jahr fand die erste Abiturprüfung an der Schlossplatzschule statt, das heißt, die Lehranstalt war nun ein vollwertiges Gymnasium und gehörte damit zu den ersten acht Mädchenschulen im Deutschen Reich, an denen Mädchen ihr Abitur ablegen konnten. Damals standen die Themen der Reifeprüfung im Zeichen des Ersten Weltkrieges.

Im Jahr 1955 erfolgte mit dem Bezug des Neubaus am Langenbeckplatz und der Benennung des Gymnasiums nach Helene Lange ein Neuanfang. Namensgeberin war die 1848 in Oldenburg geborene und 1930

Helene Lange (1848–1930), Namensgeberin der Helene-Lange-Schule (Foto um 1920).

in Berlin verstorbene Pädagogin, Frauenrechtlerin und Mitbegründerin der Deutschen Demokratischen Partei (DDP). Die selbst erlebte Ausgrenzung beziehungsweise die Begrenzung von Bildungsteilhabe motivierte sie zu ihrem Engagement in der Frauenbewegung. Ab 1876 war sie Lehrerin, zuletzt Leiterin eines Berliner Lehrerinnenseminars. Zeitlebens setzte sich Lange für eine bessere Bildung für Mädchen und für die staatsbürgerliche Gleichberechtigung von Frauen ein.

1971 wurde an der Helene-Lange-Schule die Geschlechtertrennung aufgehoben, drei Jahre später bezog die Oberstufe ein Gebäude an der Bierstadter Straße. Aus diesem Oberstufengymnasium am Moltkering ging 1987 die heutige Martin-Niemöller-Schule hervor. Ein Jahr zuvor war die Helene-Lange-Schule in eine Integrierte Gesamtschule (IGS) umgewandelt worden. Sie verpflichtet sich dem reformpädagogischen Idealen und gehört zu den UNESCO-Projektschulen (seit 1987) sowie zu den Club-of-Rome-Schulen (2009); derzeit werden hier rund 630 Schülerinnen und Schüler unterrichtet.

13 Die „Neun Forderungen der Nassauer"
Revolution 1848

Bekannte Schauplätze der 1848er-Revolution sind Wien, Berlin und Rastatt, weniger bekannt ist dagegen, dass auch in Wiesbaden eine Massenversammlung in bis dahin ungeahntem Ausmaß stattgefunden hat. Dies überrascht, immerhin hatte Nassau bereits seit 1814 eine Verfassung, die den Bürgern mehr Rechte zusicherte.

Die nassauische Residenzstadt mit ihren Prachtbauten und den vielen internationalen Kurgästen hatte ein beschauliches Dasein, doch die Zustände auf dem Land waren alles andere als sorgenfrei. Mehr als 80 Prozent der Bevölkerung des Herzogtums lebte in Dörfern, überwiegend von und in der Landwirtschaft. Der Alltag der Kleinbauern und Handwerker war geprägt von Armut, Knappheit, Hungersnöten und hohen Abgaben. 1847 gab es eine Missernte, vor allem in den wenig ertragreichen Regionen des Hochtaunus und des Westerwalds herrschte Not. Kaum besser ging es der unterprivilegierten Schicht in den Städten, die unter der allgemeinen Teuerung zu leiden hatte. Während Bauern und Arbeiter die Abschaffung drückender Abgaben forderten, formierte sich auch im Bürgertum und innerhalb der Beamtenschaft eine politische Opposition, die Presse- und Vereinsfreiheit sowie eine demokratische und liberale Ausgestaltung der Verfassung forderte.

Ausgangspunkt der Märzrevolution 1848 waren die französischen Revolutionsunruhen im Februar, die zur Abdankung des Königs und zur Ausrufung der Republik geführt hatten. Auch in vielen deutschen Städten kam es zu Volksversammlungen und Straßenkämpfen. Einflussreicher Wortführer der nassauischen Opposition war der Jurist August Hergenhahn (1804–1874), der am Oberappellationsgericht Wiesbaden arbeitete und seit 1846 der Deputiertenversammlung des Herzogtums angehörte, also Mitglied des Landtags war. Am 1. März 1848 traf er sich mit Gleichgesinnten im Hotel „Vier Jahreszeiten", um die „Neun Forderungen der Nassauer" zu formulieren, die sich mittels Flugschriften schnell im ganzen Land verbreiteten: Volksbewaffnung, Pressefreiheit, Einberufung eines deutschen Parlaments, Vereidigung des Militärs auf die Verfassung, Vereinigungsfreiheit, Öffentlichkeit der Schwurgerichtsverfahren, Umwandlung der Domänen in Staatseigentum, Wahlrecht für alle Staatsbürger, Religionsfreiheit.

Eine erste Demonstration fand am 2. März auf dem Theaterplatz statt, eine weitere am folgenden Tag vor dem Schloss. Zwischen 30.000 und 40.000 Leute sollen sich dann am 4. März versammelt haben, mehrheitlich Bauern, bewaffnet mit Sensen, Heugabeln und Dreschflegeln. Im Namen der Regierung sicherte der liberale Staatsminister Emil August von Dungern (1802–1862) die Umsetzung der Forderungen zu, bestätigt wurde diese Zusage wenige Stunden später von Herzog Adolph, der aus Berlin angereist war.

Das Landesdenkmal (1909) an der Biebricher Allee erinnert an Herzog Adolph, der während der Revolution 1848 Landesherr war.

Mit diesem Entgegenkommen wurde ein gewaltsamer Aufstand gegen den Landesherrn verhindert. Adolph ernannte Mitte April 1848 Hergenhahn zum Obersten Staatsminister als führendem Kopf der neuen Reformregierung, die dann jedoch nur rund ein Jahr bestand. Am 1. Mai ließ er nach indirektem, allgemeinem und gleichem Männerwahlrecht einen neuen Landtag wählen. Zu den Errungenschaften der Proteste gehörten die vorübergehende Befreiung der Bauern von Steuer- und Pachtzahlungen und die Einrichtung von Sicherheitsausschüssen in den Gemeinden, die die neue Ordnung überwachen sollten.

Direkte Folgen waren auch die Gründung zahlreicher Gesang- und Turnvereine (z.B. „TuS Dotzheim 1848“), in denen sich die Anhänger liberaler und nationalstaatlicher Ziele trafen, sowie die Entstehung von freiheitlich gesinnten Zeitungen. Zwar scheiterte im Juni 1849 die von der Frankfurter Nationalversammlung beabsichtigte Reichsverfassung, da der preußische König Wilhelm IV. (1795–1861) die ihm angebotene Kaiserkrone abgelehnt hatte, und in Nassau wurden liberale Zugeständnisse zurückgenommen und politische Vereine verboten, doch die liberale und demokratische Freiheitsbewegung war nur vorübergehend zum Erliegen gekommen. Die staatliche Einigung wurde mit der Gründung des Kaiserreichs im Januar 1871 erreicht, die Grundrechte der Paulskirchenverfassung fanden dann zum großen Teil Eingang in die Weimarer Reichsverfassung von 1919.

14 Heiß und ergiebig
Der Kochbrunnen

Bereits zu Beginn des 20. Jahrhunderts war der Kochbrunnen im Zentrum ein beliebtes Postkartenmotiv, und auch heute gehört er zum Hintergrund zahlreicher Selfies. Benannt ist das Bauwerk nicht nach Robert Koch, dem in Wiesbaden immerhin eine Straße gewidmet ist, oder gar nach dem Autor des Buches, sondern nach der hohen Wassertemperatur. Mit 67 Grad Celsius ist der Kochbrunnen, der 15 Quellen zusammenführt, die heißeste der insgesamt 26 Thermalquellen der Stadt, und auch europaweit gehört er zu den ergiebigsten und heißesten Quellen.

Schon seit römischer Zeit ist die Natriumchlorid-Quelle bekannt, bereits damals war sie beliebt wegen der heilenden Wirkung des Wassers, das Verspannungen löst. Das Baden in den warmen Quellen lindert Rheuma sowie Atem- und Muskelbeschwerden. Doch wie andere Errungenschaften der Römer gingen mit deren Untergang auch die Badekultur und die Kenntnis der Heilkraft des warmen Wassers verloren. Erst ab dem 13. Jahrhundert spielen die Thermalquellen wieder eine Rolle für den Ort, an dem sich im Sommer 1239 Balduin II. von Courtenay (1217–1273), letzter Herrscher des 1204 von Kreuzfahrern gegründeten Kaiserreichs Romanien, als Badegast aufhielt. Ab der Mitte des 15. Jahrhunderts sind um den Kochbrunnen zahlreiche Badehäuser namentlich bekannt, aus denen sich Gasthöfe oder Hotels entwickelten. Die Mainzer Geistlichkeit besuchte die warmen Badestuben ebenso gern wie Kaufleute aus Frankfurt und Adlige der Region. Sogar auf die andere Rheinseite wurden Fuhren mit dem kostbaren Wasser gebracht; der „Frankfurter Hof" in Mainz bezog für sein Badehaus Thermalwasser aus Wiesbaden, daher wurde er im Volksmund „Zum Wiesbader" genannt.

Der heutige Kochbrunnen wurde 1966 als Bohrbrunnen in 43 Metern Tiefe gefasst und ist somit ausreichend vor Verunreinigung geschützt. Seine hohe Ergiebigkeit liegt bei 360 Litern in der Minute, das heißt, er spendet täglich rund 520.000 Liter. Das Wasser schmeckt bei seinem Austritt salzig und riecht leicht nach Schwefelwasserstoff, es ist mit verschiedenen Mineralien wie Magnesium, Natrium und Eisen angereichert. Die hohe Temperatur erreicht das Wasser mit leicht kupferfarbener Färbung aufgrund seines Kontakts mit der Erdwärme. Nur ein geringer Teil des heißen Wassers gelangt zur Trinkstelle im Pavillon und zum benachbarten Kochbrunnenspringer, einem 1970 errichteten muschelförmigen Brunnen. Die Hauptmenge wird in das Thermalwassernetz der Stadt eingespeist und zum Kaiser-Friedrich-Bad geführt, wo es für die Nutzung in den Thermalbädern aufbereitet wird, auch das Thermalbad Aukammtal profitiert von der Quelle.

Der heutige Kochbrunnenpavillon auf dem Kochbrunnenplatz wurde 1888

Der Kochbrunnen (ursprünglich 1888) auf dem Kochbrunnenplatz ist eines der Wahrzeichen von Wiesbaden.

eingeweiht, er war Teil einer repräsentativen Trinkkuranlage und löste einen Trinkbrunnen mit steinerner Fassung aus dem Jahr 1823 ab, der einst nur Kurgästen zugänglich war. Mehrere Brunnenmädchen versahen in der Trinkkuranlage ihren Dienst, indem sie die Glaskrüge an der tiefer gelegenen sprudelnden Quelle mit dem Heilwasser füllten und dieses dann den Kurgästen in Gläsern servierten.

Nach dem Zweiten Weltkrieg sperrte die amerikanische Besatzungsmacht für ein Jahr den Zugang zum Kochbrunnen und zur Wandelhalle für die Öffentlichkeit. Die Anlage verfiel zusehends, sodass im Sommer 1955 die Brunnen- und die Wandelhalle abgerissen wurden. Von dem einst prachtvoll gestalteten Platz blieb nur der Kochbrunnenpavillon in einfacher Form, der 1977 versetzt und erneuert wurde. Trotz des Verlustes der historischen schmuckvollen Bausubstanz ist der von stattlichen Jugendstilfassaden umgebene Brunnen eine Attraktion für Besucher aus aller Welt und nach wie vor ein beliebter Treffpunkt der Einheimischen – und er ist ein Wahrzeichen der Stadt.

15 Deutsche für und gegen Frankreich
Waterloo-Denkmal

Im linksrheinischen Deutschland und auch in Mainz-Kastel haben sich rund 30 Veteranen-Denkmäler erhalten, die, zwischen 1834 und 1852 errichtet, an Soldaten erinnern, die während der französischen Annexion des Gebietes zu Beginn des 19. Jahrhunderts für die Feldzüge Napoleons zwangsrekrutiert wurden. Für diese einheimischen Männer, nun Bürger des französischen Kaiserreiches und dessen Militärsystem unterworfen, galt die allgemeine Wehrpflicht. Jahrzehnte später sahen die Überlebenden in den Feldzügen ein Abenteuer, das sie überstanden hatten; sie setzten sich nun selbst ein Denkmal.

Ein solcher Napoleonstein steht seit 1840 auf dem Friedhof von Mainz-Kastel, das zum eroberten Gebiet Frankreichs gehört hatte. Währenddessen hatte das Herzogtum Nassau als Teil des 1806 gegründeten Rheinbundes Napoleons Feldzüge aktiv unterstützt. Es wandte sich dann aber in den Befreiungskriegen (1813/15) gegen Frankreich. In der entscheidenden Schlacht bei Waterloo (südlich von Brüssel) im Juni 1815 kämpften die Männer aus Nassau mit der englisch-niederländischen Armee und damit auf der Seite Preußens gegen die Truppen unter Napoleon. Dabei kamen 887 nassauische Soldaten zu Tode. Ihnen ist das Waterloo-Denkmal auf dem Wiesbadener Luisenplatz gewidmet.

Anlass der Errichtung war der 50. Jahrestag der Schlacht. Initiiert wurde das Denkmal vom 1856 gegründeten Verschönerungsverein, der bislang Spazierwege anlegen und beschriften, Bäume pflanzen und Ruhebänke aufstellen ließ, also zur Verschönerung des Stadtbildes und der Umgebung beitrug. Unterstützung kam auch vom Gemeinderat und maßgeblich von den Generälen Anton Philipp von Breidbach-Bürresheim (1791–1878), Carl Friedrich Hergenhahn (1793–1868) und Friedrich August Weitz (1793–1871); alle drei hatten einst als junge Offiziere an der Schlacht teilgenommen. Breidbach-Bürresheim war zudem politisch engagiert, unter anderem war er 1848 Mitglied des Vorparlaments der Frankfurter Nationalversammlung und mehrere Jahre (1827–36 und 1841–45) sogar Intendant des Hoftheaters gewesen. Finanziert wurde das Bauwerk über Spenden, die aus dem gesamten Herzogtum eingingen. Der Entwurf des Ehrenmals stammte von Philipp Hoffmann (1806–1889), einem der damals führenden Architekten im Herzogtum, und von Hermann Schies (1836–1899), der als Bildhauer an mehreren Bauwerken in Wiesbaden mitgewirkt hat. Das Denkmal aus hellem Sandstein steht auf einem vierstufigen Sockel aus rotem Mainsandstein, der wiederum Widmungsinschriften enthält. Auf den Seiten sind die Namen der 337 Gefallenen eingraviert sowie Embleme (Herzogskrone, Lorbeerkranz, Fahnen, Waffen)

Das Waterloo-Denkmal (1865) auf dem Luisenplatz erinnert an die nassauischen Soldaten, die 1815 gegen Napoleon kämpften.

und Initialen (A, W, F.W., F.A.) angebracht. Diese stehen für den amtierenden Landesherrn Adolph, seinen Vater Herzog Wilhelm (1792–1839), dessen Vater Fürst Friedrich Wilhelm von Nassau-Weilburg (1768–1816) und dessen Vetter Friedrich August von Nassau-Usingen (1738–1816), erster Herzog von Nassau.

Nach der Grundsteinlegung des Obelisken vor der Bonifatiuskirche war die Einweihungsfeier am 18. Juni 1865 ein Festtag für Stadt und Land. Anwesend waren rund 700 Veteranen, Abordnungen der Stadt, der Behörden, Vereine und Schulen. Die Festrede hielt Oberhofprediger Maximilian Dilthey (1804–1867). Am Abend trafen sich die Veteranen zu einem Festessen auf der Reitbahn des Biebricher Schlosses, nun erschien auch Herzog Adolph. Da die Spendensammlung die tatsächlichen Baukosten übertroffen hatte, wurde der Restbetrag einige Tage später den Veteranen ausbezahlt.

Wie damals üblich, war das Denkmal von einem filigranen Eisengitter umgeben, es sollte damit als ein besonderer Ort gewürdigt werden. Diese Umzäunung wurde 1935 demontiert, der Obelisk 1984/85 vorübergehend abgebaut und eingelagert anlässlich des Baus einer Tiefgarage unter dem Luisenplatz. Das pyramidenförmige Veteranendenkmal wird weder als Krieger- noch als Siegesdenkmal verstanden, sondern als Erinnerung an ein Stück Landesgeschichte; dies macht auch die (erst) 1989 angebrachte Tafel am Sockel der Westseite deutlich, auf der steht: „Die Toten mahnen zum Frieden."

16 Weite Aussicht
Der Neroberg

Das Schönste an Wiesbaden sei der Blick auf Mainz, sagen jedenfalls Bewohner der rheinland-pfälzischen Landeshauptstadt. So ganz unrecht haben sie nicht, denn tatsächlich ist die Sicht auf die linksrheinisch gelegene alte Domstadt grandios, und zwar vom Neroberg.

Benannt ist der fast 250 Meter hohe Hausberg der Wiesbadener nach Kaiser Nero (37–68), der zwar nie in dieser Gegend war, doch als Namensgeber an die römische Vergangenheit der Stadt erinnern soll. Allein der Weg zu dem südlichen Ausläufer des Vortaunus ist ein Gewinn. Von der Stadtmitte aus geht es entlang prachtvoller Bauten zur russisch-orthodoxen Kapelle und vorbei am Opelbad zum Bergpark, den Mitte des 19. Jahrhunderts Stadtbaumeister Philipp Hoffmann abwechslungsreich anlegen ließ. Glanzstück ist sein Monopteros von 1851, ein Rundbau mit Säulen, die ursprünglich an der um 1810 angelegten Wilhelmstraße standen und dort die Öllampen der ersten Straßenbeleuchtung trugen.

Nur wenige Meter entfernt befand sich das geschichtsträchtige Neroberghotel, das seinen Anfang als Ausflugslokal mit Aussichtsturm genommen hatte und um 1900 als eines der führenden Luxushotels der Stadt galt. Längst anderweitig genutzt, dann verwahrlost, besiegelten zwei Brände in den Jahren 1986 und 1989 das Ende der einstigen Nobelunterkunft. Geblieben von dem repräsentativen Gebäudeensemble ist lediglich der untere Teil des Turms. Zu den weiteren Sehenswürdigkeiten des Bergs zählt die Löwenterrasse mit einem Ehrenmal für gefallene kurhessische Soldaten des Ersten Weltkriegs. Von dieser Aussichtsterrasse hat man bei klarer Sicht einen traumhaften Panoramablick über Weinberge (Rieslinganbau), über das Nerotal mit seinen repräsentativen Villen, die Innenstadt – bis nach Mainz.

Außerdem zieht seit 2006 der Hochseilgarten des Kletterwalds Neroberg Jahr für Jahr kletterlustige Abenteurer an, und im Sommer bietet die neben dem Turm errichtete „Erlebnismulde" dem „Wiesbadener Impro-Theater-Sommer" eine vielbesuchte Bühne.

Bequemer ist der Aufstieg zum Neroberg mit der im September 1888 in Betrieb genommenen Nerobergbahn, zumindest in den Monaten von April bis Oktober. Die Standseilbahn legt von der Talstation im Nerotal zur Bergstation 438 Meter zurück und überwindet dabei 83 Meter Höhenunterschied. Der Antrieb der traditionsreichen Bahn erfolgt mittels Wasserballast, wobei der nach unten rollende Wagen den bergwärts fahrenden Wagen nach oben zieht. Als letzte deutsche Bergbahn dieses Typs gilt sie als technisches Kulturdenkmal. Die vor allem bei Touristen beliebte Attraktion bietet jedoch nicht nur die gemächliche Überwindung eines Höhenunterschieds, die Bahn fungiert auf Wunsch auch als Trauzimmer der Stadt, dann jedoch

Die Nerobergbahn verbindet seit 1888 das Nerotal mit dem Neroberg.

bleibt sie auf halber Strecke stehen, da die Fahrzeit von rund vier Minuten für eine Trauung zu kurz wäre.

Auch die vom Schwarzbach durchflossenen Nerotalanlagen unterhalb des Neroberges sind ein beliebtes Naherholungsgebiet der Wiesbadener. Ende des 19. Jahrhunderts als etwa sechs Hektar großer englischer Landschaftspark angelegt, stehen hier das Schweizer Häuschen, ein Bismarckdenkmal, ein Kriegerdenkmal für die Teilnehmer des Deutsch-Französischen Krieges von 1870/71 und ein Denkmal, das an den 1892 in Wiesbaden verstorbenen Schriftsteller Friedrich von Bodenstedt (geb. 1819) erinnert.

17 Liebeserklärung über den Tod hinaus
Die russisch-orthodoxe Kirche

Hoch über der Stadt, mit einem fantastischen Panoramablick auf Wiesbaden, ist die russisch-orthodoxe Kirche, auch Griechische Kapelle genannt, eine besondere touristische Attraktion. Das für diese Region ungewöhnliche Bauwerk mit der offiziellen Bezeichnung „Russisch-orthodoxe Kirche der heiligen Elisabeth in Wiesbaden", entstand zwischen 1847 und 1855 im Auftrag von Adolph von Nassau.

Der Herzog, früh zum Militär ausgebildet und zwischen 1839 und 1866 nassauischer Landesherr, nannte sich mit vollem Namen „Pfalzgraf bei Rhein, Graf zu Sayn, Königstein, Katzenelnbogen und Dietz, Burggraf zu Hammerstein, Herr zu Mahlberg, Wiesbaden, Idstein, Merenberg, Limburg und Eppstein etc. etc.". Diese Titel behielt er auch, nachdem Preußen infolge des Deutsch-Deutschen Krieges 1866 das Herzogtum annektiert und Wiesbaden den Status einer Landeshauptstadt verloren hatte. Geradezu einmalig ist Adolphs weiterer „Karrieresprung": Nach rund 25-jährigem „Ruhestand" wurde er 1890 Großherzog von Luxemburg. 1844 und damit zu Beginn seiner ersten Regentschaft hatte er in Sankt Petersburg Elisaweta Michailowna (1826–1845), Tochter des russischen Großfürsten Michael Pawlowitsch (1798–1849) und Nichte der Zaren Alexander I. (1777–1825) und Nikolaus I. (1796–1855), geheiratet. Ihre feinsinnige und gebildete Mutter war Elena Pawlowna, geborene Prinzessin Charlotte von Württemberg (1807–1873). Es war eine Liebesheirat. Die Ehe dauerte jedoch nur zwölf Monate, da Elisaweta Michailowna bei der Geburt einer nicht lebensfähigen Tochter in Schloss Biebrich starb. Sie sollte an einem nach russisch-orthodoxem Ritus geweihten Ort bestattet werden. Adolph gab dafür den Bau der Kirche auf dem Neroberg, in Sichtweite seiner Residenz, in Auftrag.

Bis zur Vollendung des Baus befanden sich Herzogin und Tochter zunächst in der Mauritius-, dann in der Bonifatiuskirche. Die Grabeskirche, finanziert mit der Mitgift der Verstorbenen, entstand nach Plänen von Stadtbaumeister Philipp Hoffmann, der Sarkophag, in dem die Herzogin ruht, stammte vom Bildhauer Emil Hopfgarten (1821–1856). Die Kreuzkuppelkirche aus hellem Sandstein stellt eine Mischung von byzantinischen und antiken Architekturelementen dar. Auf der Grundlage eines griechischen Kreuzes erhebt sich die von vier Spitzkuppeln umgebene Hauptkuppel mit einer Höhe von 55 Metern. Auf allen (zuletzt 2007 neu) vergoldeten Kuppeln befinden sich orthodoxe Kreuze. Die Ikonostase (Altarwand mit Heiligendarstellungen) steht direkt gegenüber dem (heutigen) Haupteingang, sie ist ein Werk des kaiserlich-russischen Hofmalers Carl Timoleon von Neff (1804–1877). Der Innenraum der Kirche ist sehr aufwendig und kostbar gestaltet. Mitte des 19. Jahrhunderts wurde der orthodoxe Glaube auch als „griechischer Glaube" bezeichnet, daher bürgerte

Blick auf die 1855 vollendete russisch-orthodoxe Kirche.

sich der irreführende Name „Griechische Kapelle“ ein. Heute wird sie von der seit den 1920er-Jahren bestehenden russischen Gemeinde genutzt, sie gehört zur russisch-orthodoxen Diözese von Berlin und Deutschland. Der Bauherr heiratete 1851 erneut, und zwar Prinzessin Adelheid Marie von Anhalt-Dessau (1833–1916), mit der er fünf Kinder hatte. Einer seiner Nachfahren, sein Ururenkel Henri von Nassau (geb. 1955), ist seit 2000 Großherzog von Luxemburg.

Die eindrucksvolle russisch-orthodoxe Kirche, 1991 Motiv einer Sonderbriefmarke der Deutschen Bundespost, gehört neben der Marktkirche zu den Wahrzeichen der hessischen Landeshauptstadt. Nur wenige Meter von der Grabeskirche entfernt befindet sich der bereits 1856 eröffnete russisch-orthodoxe Friedhof, auf dem auch der Maler Alexej Jawlensky (1865–1941) liegt.

18 Der „Nassauische Landesdom“
Die Marktkirche

Im Gegensatz zur Nachbarstadt Mainz mangelt es in der hessischen Landeshauptstadt an alten Kirchen. Die älteste bestehende Kirche ist St. Bonifatius am Luisenplatz. Baubeginn der neogotischen Hallenkirche war 1844, erst 1866 wurden die 68 Meter hohen Türme vollendet. Die in den Jahren um 1500 errichtete Mauritiuskirche, seit der Reformation Hauptkirche der Protestanten, wurde 1850 Opfer eines Brandes. Ihr Nachfolgebau ist die stadtbildprägende Marktkirche am Schlossplatz.

Die Grundsteinlegung des für die Region ungewöhnlichen Backsteingebäudes fand im September 1853 statt, neun Jahre später erfolgte die Weihe des Baus, der in seiner schlichten Monumentalität die Bedeutung der Stadt als aufstrebende Kur- und Residenzstadt widerspiegeln sollte. Baumeister der Kirche im Stil der Neogotik mit fünf schlanken Türmen war Carl Boos (1803–1883), der als Oberbaurat maßgeblich die Stadtbebauung Mitte des 19. Jahrhunderts prägte; so stammen von ihm die Entwürfe des Ministerialgebäudes (heutiges Justizministerium). Vorbild seines imposanten Kirchenbaus war die Friedrichswerdersche Kirche in Berlin, 30 Jahre zuvor von Carl Friedrich Schinkel (1781–1841) entworfen. Der Innenraum ist 50 Meter lang, besitzt an beiden Längsseiten Emporen, und das Deckengewölbe in 28 Metern Höhe ist als Sternenhimmel ausgemalt. Der Marmoraltar im Chorraum wird umrahmt von überlebensgroßen Marmorfiguren, die Christus und die vier Evangelisten darstellen, gestiftet von Herzog Adolph, damals regierender Herzog von Nassau.

Klangliches Schmuckstück der Marktkirche ist die Orgel. Das erste Instrument errichtete 1863 die renommierte Ludwigsburger Orgelbaufirma Walcker. Einer der bedeutendsten Organisten war Max Reger (1873–1916), der zwischen 1890 und 1898 seine „Sturm- und Trankzeit“ in Wiesbaden verbrachte, Gastorganisten waren der Theologe und Arzt Albert Schweitzer (1875–1965) sowie während der französischen Besatzungszeit nach dem Ersten Weltkrieg die französischen Komponisten Charles Widor (1844–1937), Louis Vierne (1870–1937) und Marcel Dupré (1886–1971). Trotz mehrfacher Um- und Erweiterungsbauten, Ablieferung von Metallpfeifen 1917, Beschädigungen im Zweiten Weltkrieg und Plünderungen sowie 1968 der Demontage des Instruments aufgrund statischer Probleme enthält die heutige Orgel von 1970, ein Werk der Firma Oberlinger, Windesheim bei Bad Kreuznach, einen Großteil des Materials der ursprünglichen Walcker-Orgel. Mit seinen 15 Metern Höhe und 6198 Pfeifen ist das 32 Tonnen schwere Instrument die größte Orgel innerhalb der Hessen-Nassauischen Landeskirche.

Nicht nur die Orgel klingt voluminös, einen besonderen Klang haben auch die vier Kirchenglocken, 1962 von der

Stadtbildprägend ist die 1866 vollendete Marktkirche auf dem Schlossplatz.

Glocken- und Kunstgießerei Rincker im hessischen Sinn bei Wetzlar gegossen. Eine weitere Glocke, die kleinste und nach einer Sammelaktion Wiesbadener Kinder angeschafft, stammt noch aus dem Jahr 1862; sie wird „Kinderglocke" genannt und läutet nur zu Weihnachten. Vor der Kirche steht ein Standbild von Wilhelm I. von Nassau-Dillenburg (1533–1584), der von der evangelischen Kirche mit einem Gedenktag (10. Juli) geehrt wird. Die repräsentative Marktkirche wird in Anspielung auf den benachbarten Mainzer Dom auch „Nassauischer Landesdom" genannt; nach wie vor ist sie mit ihrem 98 Meter hohen Hauptturm das höchste Gebäude der hessischen Landeshauptstadt.

19 Pyramiden, Säulen, Grabaltäre
Der Nordfriedhof

Mit seiner Eröffnung im Jahr 1877 löste der neue Hauptfriedhof die bisherige Begräbnisstätte an der Platter Straße ab. Diese war ab 1832 belegt worden, unter anderem diente sie als Ruhestätte für Angehörige des Hauses Nassau. Im Lauf der Jahrzehnte wurden dort rund 27.000 Menschen bestattet, die letzten Beisetzungen erfolgten in bereits vorhandenen Familiengruften bis 1955. Die Schließung der idyllischen Anlage lag an der Bevölkerungsentwicklung, der Platz war schlichtweg zu knapp geworden; Mitte der 1970er-Jahre wurde der alte Friedhof in einen Park umgewandelt.

Der neue Friedhof im Norden der Stadt, zwischen Kesselbach und Schwarzbach gelegen, wurde in Form eines englischen Landschaftsgartens angelegt. Er sollte als Hauptfriedhof nach und nach auch die beengten Bezirksfriedhöfe ablösen. Das heute rund 15 Hektar große Areal mit inzwischen altem Baumbestand (hochgewachsene Lebensbäume, Scheinzypressen, Eichen, Buchen) betreten die Besucher durch ein dreibogiges Hauptportal aus rotem Backstein. In unmittelbarer Nähe hat sich auch das Pförtnerhaus im Schweizerhaus-Stil (1878) erhalten; es diente dem Friedhofswärter und seiner Familie als Wohnung und im Erdgeschoss der Friedhofsverwaltung.

Kulturgeschichtliche Schätze sind die denkmalgeschützten Grabstätten aus dem letzten Viertel des 19. Jahrhunderts und dem ersten Viertel des 20. Jahrhunderts. Sie sind aus verschiedenem Material, sehr unterschiedlich in der Formensprache (Pyramiden, Säulen, Grabaltäre, Kreuze) und tragen zahlreiche Verzierungen und Symbole. Efeu, Eichenblätter und Rosen stehen für Unsterblichkeit, Sieg (über den Tod), Liebe. Zierleisten, Kränze, Schalen mit Früchten und Blumen sind Elemente des filigranen Schmuckwerks der Denkmäler. Wer schon zu Lebzeiten privilegiert war, dem sollte auch nach dem Tod größere Aufmerksamkeit gelten. Zu den imposanten Grabstellen im Stil des Historismus und im Jugendstil gehören die Familiengruften und Grabdenkmäler für die Unternehmer Johann Jacob Söhnlein (1827–1912), Sektfabrikant, Johann Heinrich Albert (1835–1908), Pionier der Düngemittelindustrie, und Siegmund Schuckert (1845–1895), Begründer der Schuckertwerke Nürnberg, sowie Eduard Bartling (1845–1927), Maschinenfabrikant und Herausgeber des „Wiesbadener Generalanzeigers". Ihre letzte Ruhestätte haben hier auch der bedeutende ungarische Komponist Béla Kéler (1820–1882) und sein Kollege Heinrich von Herzogenberg (1843–1900), die Frauenrechtlerin Ika Freudenberg (1858–1912), Georg Jacoby (1882–1964), Regisseur und Ehemann der Schauspielerin Marika Rökk (1913–2004), sowie der Pianist Walter Gieseking (1895–1956) und Helmut Schön

Nordfriedhof, Blick auf das Pförtnerhaus (1878).

(1915–1996), der bislang erfolgreichste Fußball-Bundestrainer.

Unter den 20 Ehrengräbern, für deren Pflege die Stadt zuständig ist, sind die Grabstätten von Oberbürgermeister Carl Bernhard von Ibell, des Dirigenten Carl Schuricht (1880–1967), des langjährigen hessischen Ministerpräsidenten Georg August Zinn (1901–1976), des Unternehmers Wilhelm Fresenius (1913–2004) und von Gottfried Kiesow (1931–2011), dem Begründer der Deutschen Stiftung Denkmalschutz.

Ein weiterer bemerkenswerter Bau auf dem Friedhof ist das Kolumbarium im neoromanischen Stil, das nach Plänen von Stadtbaumeister Felix Genzmer (1856–1929) 1902 eröffnet wurde und Platz für mehr als 500 Urnen bietet. Da Wiesbaden um 1900 noch nicht über ein eigenes Krematorium verfügte – erst 1912 wurde eine solche Anlage auf dem Südfriedhof in Betrieb genommen –, wurden die Toten zunächst in Gotha (Krematorium seit 1878), dann auch in Heidelberg (seit 1891), Offenbach (1898) oder Mainz (1903) eingeäschert.

Im Osten des weiträumigen Areals befindet sich der ebenfalls 1877 angelegte und bis 1942 belegte Friedhof der Alt-Israelitischen Gemeinde. Im Norden grenzt seit 1891 der Jüdische Friedhof an den Nordfriedhof. Mit der Ansammlung prominenter Namen und der Vielgestaltigkeit der Grabstätten gleichen diese Friedhöfe einem lebendigen Geschichtsbuch; auf dem parkähnlichen Gelände spiegeln sich rund 150 Jahre Kultur- und Sozialgeschichte wider.

20 Treffpunkt der feinen Gesellschaft
Das Kurhaus

Um 1850, als Wiesbaden 15.000 Einwohner zählte, kamen etwa doppelt so viele Kurgäste hierher und jährlich wurden es mehr. Zu dieser Zeit hatte Wiesbaden nicht nur die anderen nassauischen Badeorte überflügelt, sondern auch den traditionsreichen Kurort Baden-Baden. Wer etwas auf sich hielt, sehen und gesehen werden wollte, der reiste in die Weltkurstadt Wiesbaden.

Die Glanzzeit der Stadt begann Anfang des 19. Jahrhunderts, als Wiesbaden Regierungssitz des Herzogtums Nassau wurde und zunehmend Touristen den aufstrebenden Kurort besuchten. Künstler, Politiker, Unternehmer, Adlige und Monarchen aus den deutschen Ländern sowie dem europäischen Ausland schätzten die Heilwirkung des warmen Thermalwassers. Sie brachten Glanz und Geld mit in die Stadt. Treffpunkt der feinen Gesellschaft war das 1810 eröffnete Kurhaus, ein Werk des Baumeisters Christian Zais (1770–1820), das im Lauf der Jahrzehnte mehrfach erweitert wurde. Johanna Schopenhauer, eine zu ihrer Zeit bekannte Reiseschriftstellerin, meinte während ihrer Kur im Juli 1818: „Der Kursaal ist ein so schönes, imponierendes Gebäude, wie ich es noch in keinem Brunnenorte sah; eine hübsche Allee führt zu ihm hin, und sehr angenehme Spaziergänge rings um einen großen Teich schließen sich an ihn an."

Ebenfalls stetig ausgebaut wurde der Kurpark, der 1852 als englischer Landschaftsgarten angelegt wurde. Eine Attraktion war die 1827 fertiggestellte, nördliche Kurhauskolonnade, die bei Regen einen bequemen Weg zum Kurhaus ermöglichte und mit ihren 129 Metern heute noch die längste Säulenhalle Europas ist. Wenige Jahre später entstand ein südliches Pendant, die heutige Theaterkolonnade. Diese klassizistischen Bauten umgeben den ebenfalls noch bestehenden Bowling Green, ein langgestrecktes Rasenrechteck mit zwei Wasserbecken, unter dem sich seit 2006 eine Tiefgarage befindet.

Eine Veränderung des repräsentativen Ensembles erfolgte mit dem Abriss des Kursaals und der Errichtung des Neuen Kurhauses. Als dieses im Mai 1907 eröffnet wurde, geschah dies in Anwesenheit Kaiser Wilhelms II., der ein bekennender Wiesbaden-Fan war und den Neubau als „schönstes Kurhaus der Welt" bezeichnete. Architekt des Monumentalbaus war Friedrich von Thiersch (1852–1921), der bereits die 1885 in Betrieb genommene Straßenbrücke zwischen Mainz und Kastel (heutige Theodor-Heuss-Brücke) entworfen und sich deutschlandweit einen Namen als Baumeisters des Historismus gemacht hatte. Die Gesamtkosten überstiegen mit sechs Millionen Mark den Kostenplan, in dem zweieinhalb Millionen kalkuliert waren. Kein Wunder, denn für die Fassaden- und Innengestaltung wurde nur feinstes Material verwendet. Eine architektonische Meisterleistung inmitten der 128 Meter langen Front auf der Westseite

Südostseite des 1907 eingeweihten Kurhauses im Abendsonnenschein.

ist der Haupteingang, ein Säulenportikus, der das Stadtwappen mit den drei Lilien und die Inschrift „Aquis Mattiacis" („den Wassern der Mattiaker geweiht") enthält. Durch das dahinter liegende Foyer, eine 21 Meter hohe und von einer Kuppel bekrönte Halle, gelangt man zum Kurhauspark. Herzstück des Inneren ist im Südflügel der Festsaal, der 1350 Plätze fassende Friedrich-von-Thiersch-Saal, den seit 1954 eine Steinmeyer-Orgel bereichert. Im selben Flügel befindet sich der Muschelsaal. Im Nordflügel sind der kleine Festsaal (Christian-Zais-Saal), ein Restaurant und die Spielbank untergebracht. Zahlreiche Ornamente, Statuen, Gemälde, Mosaiken und Glasfenster zieren die Räume. Doch hinter diesen Anklängen an die Vergangenheit steckt modernste Technik, die zahlreichen Veranstaltungen (Konzerten, Bällen, Kongressen, Parteitagen, Hauptversammlungen) dient.

Eine Augenweide ist ebenso der Kurpark mit seinem exotischen Baumbestand und seinen Magnolien, Sumpfzypressen, Azaleen, Rhododendronsträuchern, die alljährlich im Frühling die weitläufige Anlage in ein Blütenmeer verzaubern. Auf dem Weiher kann man im Sommer Tretboot fahren und am Nizzaplätzchen zwei Portikus-Sandstein-Säulen entdecken, die nicht aus der Römerzeit stammen, sondern der letzte Rest des alten Kurhauses von 1810 sind.

21 Es werde hell
Die Straßenbeleuchtung

In früheren Zeiten übernahmen Lampenanzünder die Aufgabe, Straßenlaternen bei Einbruch der Dunkelheit anzuzünden, bei Anbruch der Morgendämmerung wurden sie wieder gelöscht. Helles Licht in der Nacht bietet Sicherheit, die Einführung einer städtischen Beleuchtung sollte Kriminalität vorbeugen. In Wiesbaden hatte die elektrische Straßenbeleuchtung 1898 Premiere, doch die Anfänge des künstlichen Lichts in der Stadt liegen bereits im Zeitalter der Reformation.

Nach dem verheerenden Stadtbrand vom 25. April 1547, den Truppen im Dienst Kaiser Karls V. (1500–1558) während des Schmalkaldischen Krieges (1546/47) zu verantworten hatten, erließ der Gemeinderat eine Feuerordnung, die auch eine erste Beleuchtung der Gassen vorsah. Demnach wurden Pechringe auf eiserne Feuerpfannen gelegt, die an der Straßenseite der Häuser montiert waren, und angezündet. Diese Lichtquelle sollte das Löschen von Bränden nachts erleichtern. Nach rund 200 Jahren, 1759, wurde diese einfache, aber auch gefährliche Beleuchtung durch Rapsöllampen ersetzt. Diese wurden über den Straßen aufgehängt und konnten mittels einer Zugkette bewegt werden. Angezündet wurden sie nur in Nächten ohne Mondschein. Für das Jahr 1803, als in Wiesbaden rund 2500 Menschen lebten, sind 26 öffentliche Laternen nachgewiesen, gegen Mitte des 19. Jahrhunderts, bei rund 14.000 Bewohnern, sorgten 280 Laternen für eine künstliche Beleuchtung in der Stadt.

Nach und nach wurden diese Öllampen mit ihrem spärlichen Licht durch Gaslaternen ersetzt, für die die 1847 errichtete, zunächst privat betriebene Gasanstalt zuständig war. Gegenüber Öllicht und Fackeln war Gaslicht besonders hell. 1873 ging die inzwischen gegründete „Gasbeleuchtungsgesellschaft zu Wiesbaden“ in städtischen Besitz über. Mit der Erweiterung der Innenstadt und der Neuanlage von Straßen wurde auch das Netz der Gaslaternen deutlich ausgebaut; zur Jahrhundertwende boten rund 3000 Laternen Sicht und Sicherheit in der Dunkelheit. Die Bevölkerung beleuchtete ihre Wohnungen zu dieser Zeit weiterhin mit Kerzen, Öllichtern und Petroleumlampen.

Obwohl bereits 1882 elektrische Lampen im (Alten) Kurhaus erstrahlten und 1898 die erste elektrische Straßenbeleuchtung der Stadt im vornehmen Nerotal in Dienst gestellt wurde, hielt Wiesbaden viele Jahre an den Gaslaternen fest; 1938 erhellten annähernd 4000 dieser Leuchten bei Nacht die Stadt. Immerhin wurde 1918 die Fernzündung eingeführt, die den Vorteil hatte, dass das zeit- und personalintensive Anzünden der Lampen entfiel. Mit der Beleuchtung ganzer Straßenzüge per Knopfdruck entfielen fortan zwei Berufe: der Lampenputzer und der Nachtwächter, die mit ihren charakteristischen Uniformen jahrzehntelang zum Stadtbild gehört

Laterne auf dem Schlossplatz (um 1890).

hatten. Vor allem an stark frequentierten Orten wie dem Platz vor dem Hauptbahnhof oder am Kochbrunnen wurde die traditionelle, störanfällige Gasbeleuchtung durch elektrisch betriebene Lampen ersetzt.

Mit der Zunahme des Individualverkehrs ab Mitte der 1960er-Jahre waren hell erleuchtete Straßen eine Notwendigkeit, schließlich verhinderte eine angemessene Beleuchtung Verkehrsunfälle und rettete damit Menschenleben. Nach und nach kamen (fast) flächendeckend zunächst Leuchtstofflampen, dann Quecksilberdampf- und Natriumdampf-Hochdruckleuchten zum Einsatz. Inzwischen erhellt ein Heer von effizienten, weitgehend wartungsfreien und energiesparenden LED-Leuchten das nächtliche Wiesbaden. Die zahlreichen unterschiedlich gestalteten Zier- und Zwecklaternen in der Innenstadt und den Stadtteilen, die teilweise auch als Träger von Straßenschildern dienen und damit eine Doppelfunktion erfüllen, stellen zugleich eine abwechslungsreiche Designgeschichte dar.

22 Hochadeliger Sorgerechtsstreit
Prinzenraub in der Villa Clementine

Wiesbaden verfügt über eine so reichhaltige historische Bausubstanz, dass leicht eine Sehenswürdigkeit in der Innenstadt übersehen wird. Auf die Villa Clementine trifft das nicht zu; sie ist das unverwechselbare Schmuckstück an der Ecke Wilhelmstraße und Frankfurter Straße, das alle Blicke auf sich zieht.

Das eindrucksvolle Gebäude, benannt nach Clementine, der Ehefrau des Mainzer Lederfabrikanten Ernst Mayer, wurde 1882 fertiggestellt nach Plänen des 1848 in Biebrich geborenen Architekten Georg Friedrich Fürstchen. Der Baumeister, der zuvor das Rathaus seiner Geburtsstadt entworfen hatte, gilt als wichtigster Vertreter der Neorenaissance in Wiesbaden, wo er 1904 verstarb. Die Namensgeberin jedoch hat den Einzug nicht mehr erlebt. Sie starb kurz vor Vollendung des dreigeschossigen Palais, das sich in seiner Monumentalität mit Säulen, hohen Fenstern, großzügigen Balkonen und den reichen Schmuckornamenten von seiner Umgebung abhebt. Exklusiv wie die Fassade war und ist auch das Innere der Villa gestaltet.

Noch bemerkenswerter ist die Geschichte, die das besondere Haus zu erzählen hat: Im Juni 1888 mietete sich hier Königin Natalija von Serbien (1859–1941) ein. Allein ihr abenteuerliches Leben gäbe genug Stoff für einen Roman. Mit ihrem von ihr getrennt lebenden Mann König Milan von Serbien (1854–1901), auch „König Lustig" genannt, hatte sie die Erziehung des gemeinsamen Sohnes Alexander (1876–1903) in einer deutschen Stadt vereinbart. In mehrfacher Hinsicht schien Wiesbaden geeignet. Doch kaum war die standesgemäße Villa bezogen, erklärte Milan seiner Frau die Scheidung. Unter Androhung von Gewalt forderte er die Heimkehr von Alexander, Natalija verweigerte dies. In die Ehestreitigkeiten wurden schließlich Kaiser Wilhelm II. und Reichskanzler Otto von Bismarck (1815–1898) involviert, die dem Ansinnen des serbischen Königs zustimmten. Der Wiesbadener Polizeipräsident Paul von Rheinbaben (1844–1921) persönlich holte den zwölfjährigen Alexander am 13. Juli 1888 ab. Er übergab ihn Gefolgsmännern von Milan, die den Prinzen per Bahn in einem Salonwagen nach Belgrad begleiteten. Natalija wurde des Landes verwiesen. Diese unglaubliche Auseinandersetzung um ein Kind ging als „Wiesbadener Prinzenraub" in die Geschichte ein. 1889 dankte Milan als König ab, die Königin übernahm die Regentschaft für den minderjährigen Prinzen, schließlich wurde die Scheidung rückgängig gemacht. Doch der weitere Verlauf dieser spannenden Familiengeschichte hat mit Wiesbaden nichts mehr zu tun.

Ernst Meyer verkaufte 1891 sein repräsentatives Palais an den aus Elberfeld stammenden ehemaligen Unternehmer Carl-Eugen Siebel (1842–1903), der mit seiner Familie einen friedlicheren Umgang pflegte. Er gab große Gesell-

Die 1882 fertiggestellte Villa Clementine an der Wilhelmstraße ist ein Ort voller Geschichte und Geschichten.

schaften und ließ es sich gut gehen. Im Lauf der Jahrzehnte erlebte die Villa Clementine unterschiedliche Nutzungen; untergebracht waren hier eine Privatbank, eine Arztpraxis, sogar ein Restaurant und ein Café, bis die Erbengemeinschaft Siebel die Villa 1960 an die Stadt verkaufte. Wenige Jahre später schien das Ende des Gebäudes nahe. Infolge des Wirtschaftswunders, der Abrechnung mit der Vergangenheit und des Vorrangs für den Individualverkehr sollte, wie in vielen anderen Großstädten, auch in Wiesbaden eine „neue Stadt“ entstehen. Zweckmäßige Neubauten statt Erhaltung der Altbausubstanz und eine autogerechte Innenstadt – das war der Plan des Architekten und Stadtplaners Ernst May, der unter anderem den Abriss der Villa zugunsten eines (nicht realisierten) U-Bahn-Zugangs vorsah. Proteste verhinderten dieses barbarische Vorhaben. Die Stadt verwandelte Ende der 1970er-Jahre das Haus nach gründlicher Überholung in einen kulturellen Ort. 2009 erneut umfangreich und stilgerecht saniert, fungiert die geschichtsträchtige Villa Clementine, die nach wie vor den unverwechselbaren Charme der Gründerjahre ausstrahlt, als Literaturhaus. Sie ist die Heimat des Wiesbadener Presseclubs sowie des Hessischen Verleger- und Buchhändler-Verbandes und steht allen Kulturinteressierten offen. Der Besuch lohnt sich.

23 Autogramme auf Pergament
Das Goldene Buch der Stadt

Um 1900 kamen in deutschen Städten und Gemeinden „Goldene Bücher" in Mode. Dabei handelt es sich um in Leder gebundene, schwere Bücher mit Goldschnitt der Seiten, in die sich die Ehrengäste der Stadt anlässlich ihres Besuches eintragen durften. Wiesbaden ließ 1902 ein solches Gästebuch anfertigen.

Der Entwurf des kostbaren Einbandes, der eine Stadtansicht wiedergibt, stammte von Stadtbaumeister Felix Genzmer (1856–1929). Den Auftakt des 35 Kilo schweren Prachtbuches bilden die Namen von dessen Spendern, den Mitgliedern der Stadtverordnetenversammlung und den beiden Ehrenbürgern. Den ersten eigenhändigen Eintrag unter dem Datum 13. Mai 1902 nahm Kaiser Wilhelm II. vor, der die Kurstadt bereits mehrfach besucht hatte und an diesem Tag von Oberbürgermeister Carl Bernhard von Ibell im Rathaus empfangen wurde. Wie andernorts und in späteren Zeiten üblich, hinterließ der Ehrengast lediglich seinen Namenszug, keinen Kommentar zu seinem Besuch. Nur einen Tag später empfing der Oberbürgermeister den dänischen König Christian IX. (1818–1906), der mit Oscar II. (1829–1907), König von Schweden und Norwegen, Urlaub in Wiesbaden machte und ebenfalls seine Unterschrift auf dem kostbaren Pergamentpapier hinterließ. König Oscar war aufgrund verwandtschaftlicher Beziehungen seiner Frau Sophia (1836–1913), einer auf Schloss Biebrich geborenen Tochter von Herzog Wilhelm von Nassau (Namensgeber der Wilhelmstraße), mit seiner Familie oft zu Besuch in Wiesbaden.

Nach der Novemberrevolution von 1918 und damit dem Ende der Monarchie blieben solche Majestäten der Stadt fern oder erhielten kaum noch öffentliche Aufmerksamkeit, doch illustre Gäste wurden von den jeweiligen Stadtoberhäuptern weiterhin gern begrüßt. Zu diesen zählten im Jahr 1935 der schwedische Forscher Sven Hedin (1865–1952), 1946 der Dirigent Wilhelm Furtwängler (1886–1954), 1949 Bundespräsident Theodor Heuss (1884–1963), 1955 der Schriftsteller Carl Zuckmayer (1896–1977), 1963 US-Präsident John F. Kennedy (1917–1963), 1974 Fußball-Bundestrainer Helmut Schön (1915–1996) und der in Wiesbaden geborene und hier verstorbene Fußballer Jürgen Grabowski (1944–2022), 1984 Bundespräsident Richard von Weizsäcker (1920–2015), 1998 die Geigerin Anne-Sophie Mutter (geb. 1963), 2005 der Dalai Lama (geb. 1935) und im Jahr 2019 der 1939 in Wiesbaden geborene Filmregisseur Volker Schlöndorff.

Einen großen Empfang gab Oberbürgermeister Georg Buch, als sich im Mai 1965 die englische Königin Elisabeth (1926–2022) und ihr Mann Prinz Philipp (1921–2021) in das Goldene Buch eintrugen, ebenso Amtsnachfolger Rudi Schmitt (geb. 1928), als sich im Juni 1974 Königin Margrethe II. von Dänemark (geb. 1940) und ihr Mann Prinz Henrik (1934–2018) darin verewigten. Zur Prominenz aus

Zu den Kostbarkeiten der Stadt zählt seit 1902 das Goldene Buch im Rathaus.

Politik, Wirtschaft, Wissenschaft, Religion, Kultur und Sport gesellten sich immer wieder Delegationen ausländischer Regierungen und Parlamente, von Vereinen, Institutionen und den Partnerstädten. Auch die 24 Ehrenbürger und die Künstlerin Christa Moering (1916–2013), bislang einzige Ehrenbürgerin, denen die Stadt seit Bestehen des Buches diese besondere Auszeichnung verliehen hat, durften sich darin eintragen. Unter den Geehrten befinden sich ebenfalls fünf ehemalige Oberbürgermeister der Stadt: Carl Bernhard von Ibell, Karl Glässing (1966–1952), Georg Krücke (1880–1961), Georg Buch und Rudi Schmitt. Insgesamt enthält das besondere Geschichtsbuch bislang rund 300 Namen. In der Regel findet die feierliche Zeremonie der Eintragung im Festsaal des Rathauses statt.

24 Harmonie von Kanzel, Altar und Orgel
Das „Wiesbadener Programm“

Zur Zeit der Reichsgründung 1871 lebten 35.000 Personen in Wiesbaden, bis 1910 hatte sich die Zahl mehr als verdreifacht. Die Mehrheit der Bewohner gehörte der evangelischen Kirche an. Für die Evangelischen stand lange nur die 1862 eingeweihte Marktkirche zur Verfügung. 1879 wurde die Bergkirche eingeweiht, doch schon bald bestand Bedarf an einem weiteren Gotteshaus. Für diese dritte protestantische Kirche entwickelte der Bergkirchenpfarrer Emil Vessenmeyer (1857–1944) ein besonderes Baukonzept, das als „Wiesbadener Programm“ in die sakrale Architekturgeschichte einging.

Während in der Gründerzeit bislang zahlreiche Kirchenneubauten im romanischen und vor allem im gotischen Stil errichtet worden waren und sich am „Eisenacher Regulativ“ orientierten, das heißt dem mittelalterlichen Baustil mit kreuzförmigem Grundriss, Langhaus und Ostung der Kirche folgten, verband Vessenmeyer die zentralen Elemente des Gottesdienstes auf neue Weise: Kanzel (Predigt), Altar (Abendmahl) und Orgel mit Sängerbühne (Musik) sollten eine harmonische Einheit bilden. Dieses Baukonzept, das es ansatzweise bereits im Barock gegeben hatte (Dresdner Frauenkirche), entsprach Martin Luthers (1483–1546) Forderung des „Priestertums aller Gläubigen“ und stand im Gegensatz zur Inneneinrichtung vor allem katholischer Kirchen: Die Trennung zwischen der Geistlichkeit und der Gemeinde war aufgehoben. Sitzbänke im Halbkreis mit Blick auf das zentrale Ensemble vervollständigten die Neuausrichtung des Kircheninneren.

Seine innovativen Gedanken hatte Vessenmeyer bereits 1889 im evangelischen Gemeindeblatt von Dillenburg geäußert, doch größere Aufmerksamkeit erhielten sie erst mit Veröffentlichung eines Beitrages von Emil Otto Fritsch (1838–1915) in der „Deutschen Bauzeitung“ vom Mai 1891. Als erste Kirche Deutschlands nach dem „Wiesbadener Programm“ entstand zwischen 1892 und 1894 in der Stadt die dritte evangelische Kirche, die seit 1906 offiziell den Namen Ringkirche trägt. Mit ihr begann eine neue Epoche des evangelischen Kirchenbaus. Sie steht an der verkehrsreichen Stelle, an der die Rheinstraße auf die Ringstraße trifft, die ihrerseits zur Bauzeit der Kirche mit prachtvollen Gebäuden im Stil des Historismus angelegt wurde.

Architekt der neoromanischen Ringkirche, deren 65 Meter hohe Zwillingstürme von Weitem sichtbar sind, war der Berliner Stadtplaner und Hochschullehrer Johannes Otzen (1839–1911). Mit dem hier erstmals verwirklichten Raumkonzept, das akustische und optische Belange berücksichtigte und bisherige Stilvorschriften ablöste, schuf er eine funktionale Architektur, in deren Mittelpunkt die lebendige

Die 1894 eingeweihte Ringkirche wurde nach dem „Wiesbadener Programm" errichtet, das Altar, Kanzel und Orgel an einem Ort vereint.

Gemeinde stehen sollte und die schnell zum Vorbild zahlreicher Kirchenneubauten in ganz Deutschland wurde. Bis zum Ausbruch des Ersten Weltkrieges 1914 entstanden 52 evangelische Kirchen nach dem „Wiesbadener Programm". In Wiesbaden und der näheren Region war der Kirchenbaumeister und Hochschullehrer Friedrich Pützer (1871–1922) verantwortlich für den Bau von mehreren Jugendstilkirchen, deren Innenräume bis heute durch die Einheit von Kanzel, Altar und Orgel charakterisiert sind. Dazu gehört auch die 1910 eingeweihte Lutherkirche am Gutenbergplatz.

25 Entfaltung der Sinne und des Denkens
Schloss Freudenberg

Treffpunkt der High Society, Offizierscasino, Erholungsheim, Priesterseminar und heute Erfahrungsfeld zur Entfaltung der Sinne und des Denkens – das 1905 fertiggestellte Schloss Freudenberg im Stadtbezirk Dotzheim hat eine wechselvolle Vergangenheit.

Jeder der 26 Ortsbezirke Wiesbadens hat seinen eigenen Charakter. Heßloch, mit rund 700 Bewohnern der kleinste Bezirk, und die beiden äußeren, an den Main-Taunus-Kreis grenzenden Stadtteile Auringen und Breckenheim (jeweils ca. 3400 Einwohner), sind noch ländlich geprägt. Dagegen sind in den inneren Bezirken wie Mitte oder Südost (je rund 20.000 Einwohner groß) wichtige Behörden, Institutionen, Unternehmen oder Bildungseinrichtungen angesiedelt, die Tag für Tag auch Menschen von außerhalb anziehen und in denen das großstädtische Leben pulsiert. Dotzheim, nach Fläche und einer Einwohnerzahl von annähernd 28.000 der zweitgrößte Stadtbezirk, erstreckt sich von den Ausläufern des Taunus im Norden bis zum Schlosspark Biebrich und wurde 1928 nach Wiesbaden eingemeindet, 800 Jahre nach seiner ersten urkundlichen Erwähnung. Hauptsehenswürdigkeit ist das Schloss Freudenberg. Im Vergleich zu Schloss Biebrich sind die Bezeichnungen Palais oder Villa passender, auch wenn das Gebäude im neoklassizistischen Stil 1600 Quadratmeter misst, verteilt auf vier Etagen.

Bauherr war der 1863 in Rotterdam geborene Maler, Grafiker und Bildhauer James Pitcairn-Knowles, dessen Vater, ein erfolgreicher und wohlhabender Unternehmer, sich 1873 in Wiesbaden zur Ruhe gesetzt hatte. Nach seinem Abitur am Gymnasium in Biebrich studierte James Kunst in München, Weimar und Paris, bevor er ab 1891 in Wiesbaden vor allem als Porträtist tätig war. Die Pläne für das imposante Schloss Freudenberg, dessen Name Programm sein sollte, stammen von dem Architekten (und späteren NSDAP-Politiker) Paul Schultze-Naumburg (1869–1949). Pitcairn-Knowles und seine Frau Marie-Eugénie-Victoire Guérinet (1870–1959) erwiesen sich als großzügige Gastgeber für die Wiesbadener Gesellschaft und für internationale Künstler. Doch die rauschenden Feste und Bälle am westlichen Ortsrand von Dotzheim waren bereits nach drei Jahren Geschichte, das Paar trennte sich 1909, die Villa mit ihrem weitläufigen Park wurde verkauft. Nach einem abenteuerlichen Leben verstarb der Maler, in zweiter Ehe verheiratet mit Louise Prinzessin zu Solms-Braunfels (1885–1964), 1954 auf Schloss Hungen.

Architektonisches Vorbild für das Palais Freudenberg war das klassizistische Jagdschloss Platte, das sich der nassauische Herzog Wilhelm I. Mitte der 1820er-Jahre nördlich von Wiesbaden hatte errichten lassen, wiederum orientiert an den Villen des oberitalienischen Baumeisters Andrea Palladio (1508–1580). Charakteristisch für dessen Stil waren strenge, zugleich elegante klassizistische

Einst Unternehmervilla, heute ein Ort zur Erfahrung der Sinne und des Denkens: Schloss Freudenberg von 1905.

Formen und Tempelfronten, die eine Reminiszenz an die Antike darstellen. Die Südwestansicht des zeitlos-prachtvollen Bauwerkes zeigt genau diese unverwechselbare Formensprache.

Wechselvoll war die Nutzung des Gebäudes. Während der französischen Besetzung der Region nach dem Ersten Weltkrieg diente das Schlösschen kurzzeitig als Offizierscasino, von 1920 bis 1931 war es ein Erholungsheim („Kinderheim Taunusblick") für Kinder aus dem Landkreis Essen, der in dieser Zeit Eigentümer des Gebäudes war. Bis zum Ausbruch des Zweiten Weltkrieges nutzte die NS-Frauenschaft Essen Gebäude und Gelände, anschließend war es eine Dependance der Heeresstandortverwaltung Wiesbaden. Nach 1945 war das Haus für annähernd drei Jahrzehnte erneut ein Offizierscasino, nun für die US-Armee. In den späten 1970er- und frühen 1980er-Jahren betrieb hier die Pfingstbewegung ein Priesterseminar, bis das Schloss durch Vandalismus und Brände schwer beschädigt wurde. 1993 vermietete die Stadt das marode Gebäude der Gesellschaft Natur & Kunst gemeinnütziger e.V., die nach umfangreicher, denkmalgerechter Sanierung die Villa zu einem „Erfahrungsfeld zur Entfaltung der Sinne und des Denkens" ausbaute. Vater dieser Idee der Sinneswahrnehmung von Schwingung, Schwerkraft, Reflexion, Licht und Finsternis, Klang und Resonanz war der Tischler und Pädagoge Hugo Kükelhaus (1900–1984). Seit Mitte der 1990er-Jahre ist Schloss Freudenberg bekannt als kulturell-spiritueller Ort mit zahlreichen Veranstaltungen (Seminaren, Theater, Musik, Festival, Vorträgen). Zur bewussten Wahrnehmung des Ichs und der Umwelt bieten sich auch der angrenzende Wald, der Kletterberg und die Partnerschaukel an.

26 Künstlerische Inspirationen
Maler der Stadt

Europaweite Institutionen der Malerei von Rang und Namen waren im 19. Jahrhundert die Düsseldorfer und die Münchner Kunstakademie, eine Hochburg der Kunstvermittlung war ebenso die Akademie der Künste in Berlin. Auch in Wiesbaden wirkten Maler und Bildhauer, die über die Stadtgrenzen hinaus Anerkennung fanden, nicht nur der bereits erwähnte James Pitcairn-Knowles.

Der bekannteste bildende Künstler, der sich in der Kurstadt niederließ und malte, inspiriert von der lieblichen Rheinlandschaft und den sanften Hügeln des Taunus, war Alexej Jawlensky. Geboren 1864 oder 1865 in Kuzlovo in Russland als Sohn eines Obersts, widmete er sich während einer militärischen Laufbahn als Autodidakt der Malerei. Mit seiner Gönnerin, der Malerin Marianne von Werefkin (1860–1938), kam er 1896 nach München, wo er an der Kunstakademie studierte. Nach mehreren Wohnortswechseln und Bildungsreisen ging Jawlensky 1921 mit seiner neuen Mäzenin Galka Scheyer (1889–1945) nach Wiesbaden, um an einer Ausstellung des Nassauischen Kunstvereins teilzunehmen. In seinen Lebenserinnerungen berichtete der Künstler später über die für ihn finanziell sehr erfolgreiche Präsentation: „Ich begegnete dort sehr netten Menschen und das bestimmte mich, meinen Wohnsitz in Wiesbaden zu nehmen." Ein Jahr später heiratete er Helene Nesnakomoff (1886–1965). Mit ihr und dem gemeinsamen Sohn wohnte er in der Beethovenstraße. Er war Mitglied der 1925 gegründeten „Freien Künstlerschaft Wiesbaden" und schuf ein umfangreiches Werk, zu dem auch Radierungen, Lithografien und Druckgrafiken gehörten. Charakteristisch für diese Jahre waren seine abstrakten Kopf-Bilder, die er selbst „Meditationen" nannte und die ihm den Beinamen „Ikonenmaler des 20. Jahrhunderts" einbrachten. 1933 erteilten ihm die Nationalsozialisten Ausstellungsverbot. Zu dieser Zeit war er gesundheitlich bereits sehr beeinträchtigt. Nach seinem Tod im März 1941 wurde der Expressionist auf dem russisch-orthodoxen Friedhof beerdigt. In Wiesbaden sind eine Gesamtschule und eine Straße nach ihm benannt.

Ein Zeitgenosse Jawlenskys und ebenfalls Mitglied der „Freien Künstlerschaft Wiesbaden" war der aus Flensburg stammende Hans Christiansen (1866–1945), der in der Darmstädter Künstlerkolonie zu den Wegbereitern des Jugendstils in Deutschland gehörte und ab 1911 an der Kunstgewerbeschule in Wiesbaden dozierte. Zu seinem Werk gehören nicht nur Gemälde der klassischen Moderne, sondern auch Entwürfe für Möbel, Schmuck und Keramiken sowie kleinformatige Bilder für die legendären Stollwerck-Sammelalben.

Als einer der erfolgreichsten Maler der zweiten Hälfte des 19. Jahrhunderts gilt der 1829 in Wiesbaden geborene Ludwig Knaus, der zwischen 1845 und 1848 eine

Der russische Maler Alexej Jawlensky (1864/65–1941) verbrachte seine letzten Lebensjahre in Wiesbaden; hier eine ihm gewidmete Sonderbriefmarke aus dem Jahr 1974.

professionelle Ausbildung an der Düsseldorfer Kunstakademie erhielt. Er machte sich einen Namen als Porträtist und Genremaler, besuchte die Kunstmetropolen Westeuropas und Italiens, war bei internationalen Ausstellungen vertreten und erhielt zahlreiche Ehrungen. Populär waren seine naturgetreuen Darstellungen von Alltagsszenen. Immer wieder hat es ihn in seine Geburtsstadt zurückgezogen, wo er auf dem Geisberg ein Atelier unterhielt. Aufgrund seiner Ernennung zum königlich-preußischen Professor und Berufung an die Akademie der Künste zog er 1874 nach Berlin, wo er zu den gefragtesten Porträtmalern seiner Zeit gehörte. 1910 verstarb Knaus in der Reichshauptstadt. Das Museum Wiesbaden widmete dem prominenten, hoch dekorierten Künstler mehrfach Ausstellungen, doch eine Straße der Stadt ist noch nicht nach ihm benannt.

27 Kathedrale des Verkehrs
Der Hauptbahnhof

Kaum ein anderer Bahnhof einer deutschen Großstadt wirkt so prachtvoll und zauberhaft wie der Wiesbadener Hauptbahnhof mit seinem beeindruckenden Empfangsgebäude. Ein erstes Bahnhofsgebäude erhielt die Kurstadt bereits 1840 mit Vollendung der rund 40 Kilometer langen Eisenbahnstrecke über Mainz-Kastel und Hochheim am Main nach Frankfurt (Taunus-Eisenbahn). Die zweigleisige Verbindung ist die älteste Eisenbahnstrecke Hessens.

Neben dem Taunusbahnhof waren der Rheinbahnhof (1857) und der Ludwigsbahnhof (1879) in Betrieb, bis diese durch den neuen Kopfbahnhof abgelöst wurden, der bei der Eröffnung im November 1906 am Stadtrand lag. Die Pläne für diesen Repräsentationsbau stammten von dem Architekten und Hochschullehrer Fritz Klingholz (1861–1921), der bereits die Bahnhofsgebäude von Koblenz, Essen, Stettin, Worms und Bad Kreuznach entworfen hatte. Der imposante Bau in neobarocker Form besteht aus rotem Sandstein mit zahlreichen Schmuckelementen. Die langgestreckte Empfangshalle, parallel zum breiten überwölbten Querbahnsteig, wird im Osten durch den 40 Meter hohen Uhrenturm und im Westen durch eine kupferne Kuppel flankiert. Der Turm erinnert sehr an einen barocken Kirchturm, der ganze Bau kann als Kathedrale des modernen Verkehrs bezeichnet werden. Zur „Kunst am Bau“ gehören ferner die grünen Dachziegel, figürliche Darstellungen und ein Säulengang zur Platzseite. Das Innere der Bahnsteighallen, einer Stahl-Glas-Konstruktion, hat im Gegensatz zur Außenfassade Elemente aus gelbem Sandstein. Dem Querbahnsteig vorgelagert sind fünf Bahnsteighallen.

Bei einer umfangreichen Sanierung zu Beginn des Jahrtausends wurden „Modernisierungen“ rückgängig gemacht, und so präsentiert sich der Bahnhof glanzvoll wie zu Zeiten Kaiser Wilhelms II., der mehrmals per Bahn zur Kur in Wiesbaden anreiste. Nur die damals üblichen, großzügig gestalteten Warte- und Speiseräume für die 1. und 2. sowie für die 3. und 4. Wagenklasse gehören längst der Vergangenheit an. Erhalten haben sich kleinere Geschäfte, etwa die obligatorische Bahnhofsbäckerei und Bahnhofsbuchhandlung, beliebte Einrichtungen, die ihre Dienstleistungen bereits vor über 100 Jahren anboten.

Rund 46.000 Reisende nutzen täglich den Hauptbahnhof. ICE-Verbindungen führen aus der hessischen Landeshauptstadt nach München, Hamburg, Köln und Dresden. Regionalzüge und S-Bahnen verkehren über Frankfurt und Offenbach bis Hanau, durch den Rheingau und über Koblenz nach Neuwied, nach Limburg und Bad Kreuznach sowie über Darmstadt nach Aschaffenburg, wobei selbstverständlich die rheinland-pfälzische Haupt-

Der 1906 eröffnete Wiesbadener Hauptbahnhof gehört zu den beeindruckendsten Bahnhöfen Deutschlands.

stadt Mainz gut erreichbar ist. Neben dem Bahnhof Wiesbaden-Ost, der an der Taunus-Eisenbahn liegt und dessen neobarockes Empfangsgebäude ebenfalls 1906 eröffnet wurde, und den Bahnhöfen Wiesbaden-Igstadt und Mainz-Kastel existieren auf Wiesbadener Stadtgebiet noch die vom Personenverkehr benutzten Haltepunkte Auringen-Medenbach, Wiesbaden-Erbenheim, -Biebrich und -Schierstein.

28 Verbindung von Stadt und Land
Die Ländchesbahn

Mit der Industrialisierung wurde ab 1850 das Eisenbahnnetz in Deutschland zügig ausgebaut. Zu Beginn des 20. Jahrhunderts war das Streckennetz aller Länderbahnen rund 58.000 Kilometer lang (heute sind es etwa 33.000 Kilometer). Auch von Wiesbaden aus war die nahe und weite Welt per Bahn bequem erreichbar und das bereits vor der Eröffnung des damals modernen, noch heute bestehenden Hauptbahnhofs (1906). Zu den Verbindungen, die inzwischen stillgelegt wurden, gehörte die 54 Kilometer lange Aartalbahn. Sie war ab 1870 in Etappen in Betrieb genommen worden und ab 1894 durchgehend vom Rheinbahnhof nach Diez befahrbar.

1986 endete auf der Strecke der Personenverkehr, auf einzelnen Abschnitten war der Güterverkehr noch bis 1992 möglich, seitdem bleibt die eingleisige, nicht elektrifizierte und unter Denkmalschutz stehende Strecke Museumsbahn- und Draisinenfahrten vorbehalten. Eine andere Nebenbahn ist dagegen noch heute in Betrieb: die im Juli 1879 eröffnete Strecke vom Ludwigsbahnhof (seit 1906 vom Hauptbahnhof) nach Niedernhausen, genannt Ländchesbahn. Ab Erbenheim führt die Verbindung durch das beschauliche Ländchen, ein historisches Gebiet mehrerer Ortschaften, daher die Bezeichnung der Bahn. Nach dem Haltepunkt Auringen-Medenbach steigt die eingleisige, nicht elektrifizierte Strecke stetig an. Etwa drei Kilometer vor Niedernhausen verläuft sie durch den ursprünglich 197 Meter langen, nach Umbau im Jahr 2000 235 Meter langen Tunnel „Grauer Stein“ und unterquert damit die A 3 und die B 455. Von Niedernhausen abgesehen liegen alle Haltepunkte in Stadtteilen von Wiesbaden (Erbenheim, Igstadt, Auringen-Medenbach).

Die Bahnhöfe auch der kleinen Gemeinden erfüllten früher wichtige Funktionen, sie waren Ort der Ankunft und des Abschieds, ein Treffpunkt. Sie dienten nicht nur dem Personenverkehr, sondern waren in Zeiten, als es noch keine Lastkraftwagen gab, für den Güter-, Waren- und Viehtransport eminent wichtig. In Orten mit einem Bahnanschluss kam es schnell zu einer Zunahme der Bevölkerung und der Wirtschaftskraft. Das Bahnhofsgelände umfasste jeweils das Empfangsgebäude, das im Erdgeschoss den Fahrkartenverkauf und einen Warteraum enthielt und im Obergeschoss die Wohnung des Stationsvorstehers und seiner Familie, Bahnsteig, Güter- und Geräteschuppen, oftmals auch ein Stellwerk, eine Wasserpumpe und Stallungen.

In Igstadt hat sich im Gegensatz zu den beiden anderen Haltepunkten, deren Bahnhöfe wegen Baufälligkeit abgerissen wurden, das Empfangsgebäude erhal-

Der Haltepunkt Wiesbaden-Igstadt liegt in der Mitte der Ländchesbahn zwischen Wiesbaden und Niedernhausen; hier das Bahnhofsgebäude von 1926.

ten, der Bahnbetrieb wird jedoch von Wiesbaden aus ferngesteuert. Der zweigeschossige Backsteinbau mit seinem Walmdach ist ein Neubau aus dem Jahr 1926, der das einfache Empfangsgebäude von 1879 ersetzte; inzwischen steht er unter Denkmalschutz. Igstadt liegt genau in der Mitte der Ländchesbahn, hier befindet sich auch das einzige Ausweichgleis auf der Strecke. Während in früheren Zeiten Dampf-, dann Dieselloks zum Landschaftsbild gehörten, übernehmen heutzutage Triebwagen der Hessischen Landesbahn (HLB) den Verkehr im 30-Minuten-Takt (wochentags). Vor allem Berufspendler nehmen das Angebot gern an; von Niedernhausen zum Wiesbadener Hauptbahnhof benötigt die Bahn 23 Minuten, von Erbenheim lediglich fünf Minuten.

29 Ideen für den Stadtverkehr
Von der Pferdebahn zur Busspur

Wie in anderen Städten vergleichbarer Größe wurde wenige Jahre nach der Reichsgründung von 1871 auch in Wiesbaden eine Straßenbahn eingeführt. Bei Inbetriebnahme im August 1875 verkehrte sie als Pferdebahn, zunächst vom Taunusbahnhof und Rheinbahnhof, dann auch vom Ludwigsbahnhof über die Wilhelmstraße und den Kochbrunnenplatz ins Nerotal. Im Lauf der Jahre kamen weitere Strecken hinzu, und die Pferde wurden 1889 durch eine dampfbetriebene Bahn abgelöst. Nachdem in Frankfurt bereits 1884 die erste regelmäßig verkehrende elektrische Straßenbahn Deutschlands ihren Betrieb aufgenommen hatte, setzte auch die Kurstadt auf das neue Verkehrsmittel.

Ab dem 16. Mai 1896 verband eine elektrische Straßenbahn die Bahnhöfe an der Rheinstraße mit der Innenstadt, bis Ende 1900 wurden zwei weitere Linien elektrifiziert, bis 1914 wurde das Streckennetz auf Sonnenberg, Schierstein, Erbenheim, Dotzheim und Bierstadt ausgedehnt. Zwei der insgesamt neun Straßenbahnlinien führten von der Innenstadt durch Amöneburg und Kastel über die 1904 eingeweihte Kaiserbrücke (Nordbrücke) zum Mainzer Hauptbahnhof und von Schierstein über die 1885 in Betrieb genommene Rheinbrücke (Theodor-Heuss-Brücke) zur Stadthalle Mainz. In der Nachbarstadt gehörte die Straßenbahn erst ab 1904 zum Stadtbild. Die Ära der Wiesbadener Straßenbahn endete in Etappen nach dem Zweiten Weltkrieg; zuletzt (bis 1955) bestanden nur noch zwei Linien von der Innenstadt zum Hauptbahnhof von Mainz. Damit gehört Wiesbaden zu den wenigen deutschen Großstädten ohne Straßenbahn. Stattdessen beförderten von 1948 bis 1961 Oberleitungsbusse die Fahrgäste. Zwar besteht seit einiger Zeit der Wunsch, die Straßenbahn zu reaktivieren, doch bei einem Bürgerentscheid im November 2020 stimmte die Mehrheit gegen den Bau einer Citybahn.

Eine wegweisende Neuerung führte die hessische Landeshauptstadt am 1. September 1968 ein: Auf Initiative von Rolf-Werner Schaaff (2016 verstorben), dem damaligen Leiter des Amts für Verkehrswesen, erhielten Busse eine eigene Fahrspur. Eine Rechtsgrundlage in der Straßenverkehrsordnung für eine solche Busspur folgte erst im März 1971, nachdem sich der Erfolg dieser zunächst argwöhnisch beäugten Sonderregelung gezeigt hatte. Mit dem großzügigen Ausbau der Innenstadtstraßen und der Einführung der „grünen Welle" hatte zuvor der Individualverkehr Vorrecht erlangt, der öffentliche Nahverkehr wurde dagegen vernachlässigt. Busse standen im Stau, ihr Fahrgastaufkommen sank. Mit dem Sonderfahrstreifen setzte Wiesbaden neue Maßstäbe für einen pünktlichen Busverkehr.

Die ersten Busspuren, zunächst einen Kilometer lang, wurden in der Bleich-

Die Ansichtskarte (um 1912) zeigt die Straßenbahnendhaltestelle in Biebrich in Höhe des Pegelhäuschens.

straße, Blücherstraße, Dotzheimer Straße, Friedrichstraße und Luisenstraße eingerichtet. Delegationen aus dem In- und Ausland besuchten Wiesbaden, um sich von der damals revolutionären Idee zu überzeugen. Nach und nach verwirklichten dann auch andere Städte diese Sonderfahrstreifen, Berlin folgte 1970. Im Lauf der Jahrzehnte führten weitere Innovationen wie Busampeln und Busschleifen zu einem effizienten Busverkehr und damit zu einem besseren Stadtklima. Inzwischen werden die speziellen Busspuren auch Umweltspuren genannt, soweit sie ebenfalls für den Radverkehr freigegeben sind. Heute stehen in der Landeshauptstadt auf einer Länge von rund 50 Kilometern 50 speziell markierte Spuren für den Busverkehr zur Verfügung. Betrieben wird das sternförmige Liniennetz von der ESWE Verkehrsgesellschaft mbH.

30 Abgestellt im Nerotal
Das Bismarckdenkmal

Nationalliberal gesinnte Herren gründeten 1895 aus Anlass des 80. Geburtstages des Altkanzlers Otto von Bismarck ein Komitee, das die Finanzierung und Errichtung eines Denkmals für ihn beabsichtigte. Ein Jahr später reiste eine Delegation einheimischer Honoratioren nach Friedrichsruh, wo sie von Bismarck empfangen wurde und ihm ihr Anliegen vortrug. Daraufhin soll Bismarck gesagt haben: „Wiesbaden ist so reich an schönen Plätzen, dass auf jedem mein Denkmal stehen kann."

Wiesbaden hat erstmals 1892 eine Ehrenbürgerwürde verliehen – an den Juristen, nassauischen Politiker und langjährigen Stadtverordneten Philipp Bertram (1812–1899). Als eine der wenigen deutschen Großstädte verzichtete sie bei Otto von Bismarck auf diese Würdigung. Das mag daran gelegen haben, dass Preußen das Herzogtum, das im Deutsch-Deutschen Krieg Bündnispartner Österreichs gewesen war, annektiert hatte und damit Wiesbaden den Status einer Landeshauptstadt verlor. Das am 9. Oktober 1898, wenige Wochen nach Bismarcks Tod, in der Innenstadt enthüllte Standbild gehört zu den Bismarck-Denkmälern, die nicht mehr auf ihrem ursprünglichen Platz stehen.

Errichtet wurde die monumentale Denkmalsanlage ursprünglich auf dem damaligen Wilhelmplatz, der in Bismarckplatz umbenannt wurde. Der von einer Jury preisgekrönte Entwurf stammte von dem Berliner Bildhauer Ernst Hertel (1868–1939), der bislang zahlreiche Skulpturen, Kriegerdenkmäler und Standbilder in ganz Deutschland geschaffen hatte. Gegossen wurden die Bronzearbeiten des überlebensgroßen Standbildes und der Sockelfiguren von der damals auf diesem Gebiet führenden Bronzegießerei Gladenbeck in Berlin-Friedrichshagen. Bei dem Wiesbadener Denkmal handelt es sich um eine zeittypische Darstellung Bismarcks: der Kanzler in Uniform mit Pickelhaube, dem Eisernen Kreuz und dem Orden „Pour le Mérite", die linke Hand umschließt einen am Boden stehenden Pallasch (Säbel), die rechte hält eine entrollte Urkunde. Während sein rechtes Bein vorgestellt ist, ist Bismarcks Kopf nach links gewendet. Den auf mehreren Stufen ruhenden Sockel aus rotem schwedischem Granit lieferte die Firma Wölfel & Herold in Bayreuth. Das Denkmal war insgesamt 7,20 Meter hoch.

Bis in die 1960er-Jahre zierten den Sockel zwei Figuren: rechts eine Frauengestalt, die mit der rechten Hand Bismarck einen Lorbeerkranz reicht und im linken Arm Palmzweige hält, und links ein Jüngling, der in einer Sammlung von Gedenksprüchen Bismarcks liest; auf den aufgeschlagenen Seiten stand der legendäre Spruch geschrieben: „Wir Deutsche fürchten Gott, aber sonst nichts in der

Das 1898 errichtete Bismarckdenkmal stand einst in der Innenstadt, seit 1966 steht es im Nerotal.

Welt.“ Die junge Frau am Denkmalsockel stellte Nassovia dar, die das Großherzogtum und die preußische Provinz Hessen-Nassau verkörperte, und der Jüngling die hoffnungsvolle Jugend des Landes. Auf der Sockelrückseite waren auf einem Kissen und Lorbeerzweigen die Reichsinsignien (Krone, Zepter, Schwert) zu sehen, über denen ein bekrönter Adler mit ausgebreiteten Schwingen wachte. Die beiden Schleifen eines Eichenkranzes trugen die Aufschrift „Dem großen Kanzler aus Dankbarkeit“.

Der viel zitierte Spruch an dem Denkmal entstammte einer Reichstagsrede Bismarcks vom 6. Februar 1888 zur Außenpolitik („Wir liegen mitten in Europa …“), in der er erklärte, das Deutsche Reich sei eine „gesättigte Nation“ und müsse alles vermeiden, was es in gefährliche Koalitionen und Konflikte verwickeln könnte. Zum Schluss der Rede sagte Bismarck die zitierten Worte, der weitere Wortlaut wurde und wird aber häufig ignoriert, nämlich: „… und die Gottesfurcht ist es schon, die uns den Frieden lieben und pflegen lässt.“ Kaum ausgesprochen, stand der erste Teil der Aussage – zum Missfallen Bismarcks – schon auf Postkarten, Gläsern, Krawatten sowie Aschenbechern – und dann vor allem auf Denkmälern. Der Missbrauch dieses Zitats zeigt, dass schon die Zeitgenossen die Bismarck'sche Außenpolitik nicht verstanden haben.

Fast sieben Jahrzehnte stand das Denkmal auf dem Bismarckplatz, es wurde weder im Krieg beschädigt, noch fielen die bronzenen Sockelfiguren der „Metallspende“ für die Rüstung zum Opfer. Doch wie vielfach auch andernorts musste das Denkmal Mitte der 1960er-Jahre zugunsten einer „autogerechten Stadt“ weichen. Nun ließ die Stadt die zusätzlichen Figuren einschmelzen und verkaufte das Metall. Bismarck selbst wanderte 1966 unverändert ins Nerotal, wo er, teils unbeachtet von den vielen Spaziergängern, ein beschauliches Schattendasein führt.

31 Wohnen in Schmuck und Grün
Rheingauviertel und Feldherrnviertel

Wie auch andere Großstädte erlebte Wiesbaden nach der Reichsgründung einen enormen Bevölkerungszuwachs. Folglich entstanden im Zentrum und in den Außenbezirken neue Wohnviertel, zu denen in der westlichen Innenstadt das Rheingau- und das Feldherrnviertel gehören.

Typisch für die enge Bebauung der Viertel sind die überwiegend viergeschossigen Mehrfamilienhäuser, deren Fassaden sich weitgehend im Originalzustand erhalten haben. Zur Entstehungszeit wurde Wert gelegt auf eine großzügige Wohnungsgröße (bis zu 200 Quadratmeter auf einer Ebene), auf hohe Räume, auf eine gehobene Innenausstattung (Flügeltüren, Messingbeschläge, Parkett) und auf Balkone. Teils gibt es kleine Vorgärten. Die meisten Fassaden sind noch heute reich geschmückt mit figürlichen und floralen Stilelementen der späten Gründerzeit und des Jugendstils. Beide Wohngebiete entstanden ab Ende des 19. Jahrhunderts größtenteils nach Entwürfen des langjährigen Stadtbaumeisters Felix Genzmer (1856–1929).

Das Rheingauviertel mit seinen geradezu herrschaftlichen Häusern erhielt seine Bezeichnung aufgrund der Straßennamen, die auf Ortschaften des nahe gelegenen Rheingaus verweisen (wie Eltviller, Johannisberger, Kiedricher, Rüdesheimer Straße). Die Straßennamen im Feldherrnviertel, das für die gehobene Mittelschicht errichtet wurde, spiegeln die Geschichte Preußens und des Kaiserreiches wider. Zu den einst populären Generälen, die hier mit einer Straße geehrt werden, zählen unter anderen: August Neidhardt von Gneisenau (1760–1831), Teilnehmer der Waterloo-Schlacht und bedeutender Heeresreformer, Gerhard von Scharnhorst (1755–1813), auch er reformierte das preußische Heer (Abschaffung der Prügelstrafe), und Albrecht von Roon (1803–1879), militärischer Stratege im Deutsch-Französischen Krieg (1870/71). Andere Straßen und Plätze nehmen Bezug auf Städte und Regionen, die während dieses Krieges Orte wichtiger Schlachten waren, so der Sedanplatz (bei Sedan kapitulierte am 2. September 1870 die französische Armee), der Elsässer Platz oder die Lothringer Straße. Während andernorts nach 1945 in großem Stil Straßen umbenannt wurden, auch solche, deren Namensgeber keine Verbindung zum „Dritten Reich“ hatten, haben sich die Straßennamen im Feldherrnviertel erhalten.

Ein wahres Schmuckstück in diesem Viertel ist (trotz Kriegsbeschädigungen) auch die Blücherschule, benannt nach Gebhard Leberecht von Blücher (1742–1819), der als preußischer Generalfeldmarschall entscheidenden Anteil an der Völkerschlacht von Leipzig (1813) und am Sieg bei Waterloo (1815) hatte. Der Bau aus roten Klinkern wurde 1897 als Volksschule am Blücherplatz eröffnet (heute Ganztagsgrundschule); bemerkenswert ist die außergewöhnliche, aufwendige Architektur für einen reinen Zweckbau.

Die 1897 im Feldherrnviertel eröffnete Blücherschule ist eine Grundschule.

Nach dem Ersten Weltkrieg entstand angesichts der allgemeinen Wohnungsnot im Norden des Rheingauviertels die ebenso geschmackvolle Siedlung „Eigene Scholle". Errichtet für das mittlere Bürgertum (Beamte, höhere Angestellte), sind für dieses Viertel zweigeschossige Doppelhäuser mit Walmdächern und großen Gärten charakteristisch. Die ursprünglich sozialreformerische Idee, am Rand der Großstädte neue, von viel Grün umgebene Siedlungen zu errichten, stammt von dem Briten Ebenezer Howard (1850–1928) und ist eine Antwort auf das Wachstum der Zentren während der Hochindustrialisierung. Das Modell einer „Stadt in der Landschaft" griffen Stadtplaner, Architekten und Sozialreformer auch in Deutschland auf; es entstanden sogenannte Gartenstädte, finanziert jeweils über eine von der Stadt initiierte Genossenschaft. Im Rheingauviertel steht an der Ecke Loreleiring und Oestricher Straße das „Bauarbeiterdenkmal", geschaffen 1924 von dem ortsansässigen Bildhauer Carl Wilhelm Bierbrauer (1881–1962). Es soll all die vielen namenlosen Bauarbeiter ehren, die diese Pracht der Viertel mit harter Arbeit, manchmal auch mit Arbeitsunfällen und gar dem Tod bezahlten.

32 Swing mit Klavier und Klarinette
Der Jazzmusiker Paul Kuhn

Nicht nur Jazz-Freunden war er ein Begriff, einem breiten Publikum bekannt wurde er mit zahlreichen Filmen und so eingängigen Schlagern wie „Der Mann am Klavier" und „Es gibt kein Bier auf Hawaii": Paul Kuhn, der unermüdliche Sänger, Komponist, Pianist, Schauspieler, Entertainer, der im März 1928 in Wiesbaden geboren wurde.

Paul Kuhn wuchs in der Nähe des Kochbrunnens auf, zunächst in der Lehrstraße, dann in der Philippsbergstraße. Schon sein Vater Martin Kuhn (1893–1963) war vielseitig begabt, er arbeitete zunächst als Verwaltungsangestellter, dann als Kaufmann und schließlich als Croupier. Pauls musikalisches Talent entdeckte die Mutter Luise (1894–1962). Seinen ersten großen Auftritt hatte er bereits als Achtjähriger im September 1936 während der 13. Großen Deutschen Funkausstellung in Berlin, wo er als „Wunderkind" in einer frühen Versuchssendung des Fernsehens auftrat. Da er hinter seinem Akkordeon kaum zu sehen war, erhielt er seinen Spitznamen „Paulchen".

In seiner Geburtsstadt bot er Unterhaltungsmusik in dem 1859 eröffneten „Café Maldaner" und in der ebenfalls traditionsreichen Weinstube „Eimer", nun sah und hörte man ihn am Klavier und mit Klarinette. Als Hitlerjugend-Junge widmete er sich der Swingmusik, die damals als „beschwingte Musik" die musikalischen Bedürfnisse der Soldaten befriedigen sollte. Nach dem Besuch des Musischen Gymnasiums in Frankfurt war Paul Kuhn 1944 rund ein halbes Jahr bei der Truppenbetreuung in Paris verpflichtet, anschließend begann er eine professionelle musikalische Ausbildung am Konservatorium seiner Heimatstadt. Unmittelbar nach Kriegsende nutzte er die Gunst der Stunde: Er gründete eine eigene Band, gastierte vor Soldaten der US-Besatzungsarmee und spielte im Soldatensender American Forces Network (AFN) nach Art des US-amerikanischen Jazz-Posaunisten Glenn Miller (1904–1944).

Seit 1950 in Düsseldorf ansässig, dann in Köln, ab 1980 in der Schweiz, war Kuhn einer der gefragtesten Jazzmusiker der Bundesrepublik. Von 1968 bis 1980 war er als Leiter der Bigband des Senders Freies Berlin Dauergast in den großen Unterhaltungssendungen von ARD und ZDF. Mit seiner „Paul Kuhn Big Band" unternahm er internationale Tourneen. Auch im Alter präsentierte sich Kuhn als nimmermüder, vielseitig begabter Musiker. Legendär waren ab dem Jahr 2000 seine Auftritte mit Hugo Strasser (1922–2016), Max Greger (1926–2015) und der SWR-Bigband; als „Swing-Legenden" spielten die drei Pioniere und Veteranen der Jazz- und Swingmusik stets vor ausverkauften Häusern.

Kuhns Repertoire umfasste unzählige Titel, er bereicherte musikalisch Hörspiele, und auch als Schauspieler agierte er über die Jahrzehnte hinweg erfolgreich in Filmen wie „Liebe, Sommer und Musik" (1956), „Drillinge an Bord" (1959), „Der

Paul Kuhn (1928–2013) gehört zu den großen Söhnen der Stadt.

Forstarzt" (1992) und zuletzt „Schenk mir dein Herz" (2010). Der vielfach ausgezeichnete Musiker, der stets seiner Geburtsstadt treu blieb und dort anlässlich seines 80. Geburtstages ein Galakonzert gab, verstarb im September 2013 während eines Kuraufenthalts in Bad Wildungen. Es wäre angebracht, in Wiesbaden eine Straße nach dem beliebten und überaus erfolgreichen Sohn der Stadt zu benennen.

33 „So etwas haben wir in Berlin nicht"
Das Hessische Staatstheater

Wiesbaden hat nicht nur eines der schönsten Kurhäuser, sondern, in unmittelbarer Nachbarschaft, auch eines der schönsten Theatergebäude Europas: das 1894 eröffnete Neue Königliche Hoftheater, heute unter dem Namen „Hessisches Staatstheater Wiesbaden" bekannt.

Schon das Herzoglich Nassauische Hoftheater, 1827 in Nähe des Hotels „Nassauer Hof" eröffnet, war ein prachtvoller Bau im Stil des Klassizismus. Doch Zuschauerraum und Bühne waren für ein überschaubares Publikum konzipiert worden, gegen Ende des 19. Jahrhunderts war das Theater für eine 70.000 Einwohner große Stadt mit zahlreichen Kurgästen zu klein. Nicht als Alternative, allenfalls als Ergänzung erwies sich das 1892 in Betrieb genommene Residenz-Theater an der Bahnhofstraße, das das Publikum mit leichter Unterhaltung (Komödien, Operetten, Possen) bei Laune hielt.

Der prachtvolle Neubau, ein Werk der Wiener Architekten Ferdinand Fellner (1847–1916) und Hermann Helmer (1849–1919), wurde als Neues Königliches Hoftheater am 16. Oktober 1894 in Anwesenheit Kaiser Wilhelms II. eingeweiht. Der Monarch, regelmäßiger Kurgast der Stadt, hatte den neobarocken Bau maßgeblich initiiert, auch die Erweiterung um das glanzvolle Foyer 1902. Seiner Bedeutung angemessen, verfügte er über eine eigene Einfahrt für seine Kutsche, ein separates Empfangszimmer und selbstverständlich über eine eigene Loge. Bei der Eröffnungsfeier meinte der oberste Repräsentant des Deutschen Reiches: „So etwas haben wir in Berlin nicht."

Die aufwendige, kostbare Inneneinrichtung, die prachtvollen Deckengemälde, filigraner Rokokostuck, glitzernde Kristallleuchten, viel Plüsch, vor allem das überladene Foyer mit seiner historistischen Architektur erzeugen eine Atmosphäre, die im Widerspruch steht zu einem Zweckbau, der, den Zuschauern verborgen, bereits damals mit modernster Technik ausgestattet war. Noch heute ist es eine Freude, durch den Luxustempel zu schreiten und Entdeckungen zu machen; da ist eine Nymphe zu erkennen, dort ein Brunnen, da finden sich Medaillons mit den Bildnissen großer Komponisten und Schriftsteller, dort Allegorien, der preußische Adler usw. Weitgehend baugleiche Theatergebäude haben die Architekten Fellner und Helmer auch für Zürich (1891) und Zagreb (1895) entworfen.

Die Rückseite mit ihrem imposanten Säulenportikus wirkt wie ein Haupteingang, zumal der figurenreiche Giebel ein mahnendes Zitat Friedrich Schillers (1759–1805) enthält: „Der Menschheit Würde ist in Eure Hand gegeben. Bewahret sie!" Doch diese repräsentative Fassade ist lediglich eine Schauseite, vor der sich ein Park mit Schillerdenkmal befindet, der Haupteingang liegt am Bowling Green, in der Mitte der Theaterkolonnaden.

Das 1894 eröffnete Staatstheater ist einer der schönsten Theaterbauten in Deutschland.

Auch nach dem Ende der Monarchie (1918) blieb Wiesbadens Theater, nun unter der Bezeichnung Preußisches Staatstheater, eine Zweigstelle der Berliner Generalintendanz; Betrieb und Personalangelegenheiten wurden in der Hauptstadt entschieden. Zur wechselvollen Geschichte des Hauses gehören Beschädigungen infolge eines Bühnenbrandes (1923) und des Zweiten Weltkrieges (1945), mehrere Umgestaltungen und Erweiterungen sowie Umbenennungen. Ab 1932, nun in Trägerschaft der Stadt, hieß es Nassauisches Landestheater, seit 1946 ist das Land Hessen verantwortlich, daher heißt es Hessisches Staatstheater Wiesbaden.

Das heutige Theater mit einem umfangreichen Programm an Schauspiel, Oper, Operette, Konzert und Ballett verfügt mit dem „Großen Haus“ über mehr als 1000 Plätze, das „Kleine Haus“ bietet rund 330 Plätze und das „Studio“ rund 90, hinzu kommt als externe Spielstätte die „Wartburg“ mit 150 Plätzen an der Schwalbacher Straße. Die Angebote sind seit Jahren vielfältig und ziehen ein breites Publikum aus Rheinhessen, dem Rheingau und dem Taunus sowie der Rhein-Main-Region an. Eine Attraktion sind alljährlich die Internationalen Maifestspiele, die bereits seit 1896 stattfinden und für deren Gründung ebenfalls Kaiser Wilhelm II. ausschlaggebend war, sodass sie zunächst Kaiserfestspiele hießen. Auch zum vielseitigen Festspielprogramm gehören Opern- und Schauspielinszenierungen sowie Ballettdarbietungen, Lesungen, Konzerte und spezielle Angebote für Jugendliche.

34 Vernunft und Verständigung
Das Wiesbadener Abkommen

Deutschland musste nach dem verlorenen Ersten Weltkrieg gemäß Versailler Vertrag unter anderem Gebiete abtreten, abrüsten und Wiedergutmachungen für Kriegsschäden leisten. Bei Unterzeichnung des Vertrages im Juni 1919 war das Ausmaß dieser Reparationen noch nicht fixiert. Das Londoner Ultimatum vom Mai 1921 setzte einen Betrag von 132 Milliarden Goldmark fest. Diese Forderung führte zum Rücktritt der deutschen Regierung. Eine Regelung war jedoch erforderlich, da die Alliierten bei Ablehnung die militärische Besetzung des Ruhrgebietes angekündigt hatten. Daher erfolgte mit dem „Wiesbadener Abkommen" vom Oktober 1921 eine weitere Vereinbarung.

Die neue Regierung unter dem Reichskanzler Joseph Wirth (1879–1856) wollte einerseits die Forderungen erfüllen, andererseits die Alliierten davon überzeugen, dass ihre Ansprüche unerfüllbar seien. Bereits die erste gezahlte Milliarde hatte den Wert des Dollars gegenüber der Mark deutlich steigen lassen, ein Verfall der deutschen Währung schien unausweichlich. In dieser Situation machte Walter Rathenau (1867–1922), neuer Wiederaufbauminister, den Vorschlag, die Reparationen hauptsächlich mit Warenlieferungen und Arbeitsleistungen zu bezahlen. Auf französischer Seite griff der Bauunternehmer und Politiker Louis Loucheur (1872–1931), seit Januar 1921 Wiederaufbauminister in der Regierung von Aristide Briand (1862–1932), diesen Gedanken auf. Ein erstes Treffen zwischen Rathenau und Loucheur fand Mitte Juni 1921 in Wiesbaden statt, weitere Begegnungen folgten.

Der deutsche Politiker logierte im Hotel „Kaiserhof", der Vertreter der französischen Regierung im „Nassauer Hof". Die Besprechungen beider Delegationen fanden in einem Gebäude an der Taunusstraße statt, in dem die französische Besatzungsarmee einen Teil ihrer Verwaltung untergebracht hatte. Beabsichtigt war ein privatwirtschaftlicher Vertrag, der, unter Ausschaltung der beiden Regierungen, direkte Sachlieferungen deutscher Unternehmen an französische Kriegsgeschädigte vorsah. Mit den Leistungen aus Deutschland sollten vor allem die zerstörten Städte in Nordfrankreich zügig wiederaufgebaut werden. Am 6. Oktober 1921 unterzeichnete Rathenau das Wiesbadener Abkommen, zwei Tage später sein französischer Kollege Loucheur. Wie die Presse informierte, sollten Industriematerial wie Stahl und Maschinen sowie Kohle, „4500 neue Fahrzeuge", aber auch „62.000 Pferde, 25.000 Rinder, 25.000 Schafe und 40.000 Bienenvölker" nach Frankreich geliefert werden. Vorgesehen waren bis 1926 Lieferungen im Wert von sieben Milliarden Goldmark, die dem Reparationskonto Deutschlands gutgeschrieben werden sollten.

Wegbereiter des Wiesbadener Abkommens war der Unternehmer und Politiker Walter Rathenau.

Walter Rathenau, der vor seinem Ministeramt als Präsident des Industrieunternehmens AEG gewirkt hatte und zu den erfahrensten Wirtschaftsfachleuten gehörte, wollte mit dem Vertrag die zerrüttete europäische Wirtschaft wieder aufbauen. Am 9. November 1921, genau drei Jahre nach Ausrufung der Weimarer Republik und damit dem Kriegsende, hielt er, inzwischen als Wiederaufbauminister zurückgetreten, eine Rede vor dem Reparationsausschuss im Reichswirtschaftsrat, in der er das Wiesbadener Abkommen verteidigte: „Es ist nicht ein rein kaufmännisches Geschäft, sondern es ist ein politisches Geschäft der Abwicklung … Hier handelt es sich darum, für die Zukunft den Weg zu ebnen, der uns aus unserer entsetzlichen Lage herausführt. Hier handelt es sich darum, den Weg zu finden, der auch noch mit weiteren Nationen zum Ausgleich mit Sachwerten führt."

Die Abgeordneten des Reichstags lehnten am 17. November 1921 das Abkommen ab, Rathenau wurde als „Erfüllungspolitiker" diffamiert. Erst ein halbes Jahr später wurde die Vereinbarung mit Zusatzabkommen ratifiziert und am 6. Juli 1922 in Frankreich angenommen. Wenige Tage zuvor war Rathenau, seit Februar Reichsaußenminister, ermordet worden. Das Reparationsproblem belastete die Innenpolitik weiterhin und auch Verträge mit günstigeren Zahlungsbedingungen wurden als „Verknechtung künftiger Generationen" bewertet. Erst mit der Konferenz von Lausanne im Juli 1932 endeten die noch ausstehenden Reparationszahlungen Deutschlands. Das Wiesbadener Abkommen war jedenfalls ein wichtiger Meilenstein auf dem „Weg der Vernunft", der nationale Interessen berücksichtigte, aber auch den Alliierten entgegenkam und damit ein Teil der Verständigungspolitik gegenüber Frankreich war.

35 Nobler Sitz der Volksvertretung
Das Stadtschloss

Wo einst die Herzöge von Nassau residierten, machen heute die demokratisch gewählten Volksvertreter Politik: im Stadtschloss, das seit 1946 den Hessischen Landtag beherbergt. Wie es sich für Wiesbaden gehört, handelt es sich auch bei diesem stattlichen Gebäude um einen Prachtbau, der eine höchst wechselvolle Geschichte aufweist.

Der dreistöckige zweiflügelige Eckbau am Schlossplatz wurde 1841 im klassizistischen Stil nach Plänen des in der Gegend viel beschäftigten Architekten Georg Moller (1784–1854) vollendet. Das schlichte, dennoch eindrucksvolle Gebäude steht auf historischem Boden, denn hier hat sich bereits in fränkischer Zeit eine Burg der Grafen von Nassau befunden, wie Ausgrabungen belegen, daher gilt der Ort als Ursprung der mittelalterlichen Stadt. Auftraggeber des Stadtschlosses war Herzog Wilhelm I., der in Schloss Biebrich residierte und den es, der „Bürgernähe" wegen, in das Zentrum seiner Landeshauptstadt zog. Erst unter seinem Sohn Adolph füllte sich das Haus mit Leben, überwiegend in den Wintermonaten und nur bis zu seiner Absetzung im Jahr 1866.

Von nun an fungierte der imposante Bau als „Gästehaus" der preußischen Könige samt Hofstaat bei ihren zahlreichen Aufenthalten in der aufstrebenden Kurstadt. Wilhelm II., seit 1888 preußischer König und Deutscher Kaiser, betrachtete das Schloss als „Zweitwohnsitz", denn er hielt sich gern und häufig hier auf, in der Regel mindestens in jedem Mai. Nach seiner Abdankung (November 1918) jedoch verlor auch das Gebäude an Glanz. Zunächst war hier der Arbeiter- und Soldatenrat untergebracht, ab 1919 nahm das französische Oberkommando Besitz vom Haus und ab 1925 diente es als Verwaltungsgebäude der britischen Armee. Nach dem Abzug der Besatzungstruppen im Frühsommer 1930 wurde es Museum, für das die Preußische Staatliche Schlösserverwaltung zuständig war.

Im Sommer 1945 übernahm kurzzeitig das Alliierte Oberkommando das Schloss, das am Ende des Zweiten Weltkrieges leicht beschädigt worden war. Schließlich wurde es Sitz des Hessischen Landtages, der hier erstmals am 1. Dezember 1946 tagte. Vom Landtag werden auch die angrenzenden Bauten genutzt, das Kavaliershaus und der nach Kaiser Wilhelm I. benannte Wilhelmsbau. In beiden Gebäuden tagen Ausschüsse und sind Büros der Abgeordneten sowie der Verwaltung untergebracht. Außerdem betreibt hier der Hessische Rundfunk sein Studio Wiesbaden. Im Schloss hat sich ein Großteil der Originalinnenausstattung (Parkett, Kamine, Deckengemälde) bis heute erhalten. Besonders aufwendig gestaltet sind der Große Kuppelsaal, der für öffentliche Konzerte genutzte Musiksaal und das Haupttreppenhaus. Sehenswert ist ebenso die ehemalige herzogliche Privatwohnung (Roter Salon, Gelber Salon, Pompejanischer Saal) im ersten Obergeschoss. Diese historischen Räume

Das Stadtschloss, einst Residenz der nassauischen Herzöge, ist seit 1946 Sitz des hessischen Landtags.

dienen der Repräsentation des Landtagspräsidenten. Im Innenhof des Schlosses wurde 1962 ein schlichter Plenarsaal eröffnet, der 2008 durch einen zweckmäßigen Neubau ersetzt wurde. Darin tagen die 110 Abgeordneten des Landes, die für eine Legislaturperiode von fünf Jahren gewählt werden. Zu ihren Aufgaben gehören die Gesetzgebung, die Kontrolle der Landesregierung und die Bewilligung des Haushaltes.

Das Stadtschloss mit seinem markanten Eingang – ein Halbrund mit Treppen und Säulen und einem Balkon (mit der Inschrift „Hessischer Landtag“) – und die umliegenden Bauten (Marktkirche, Altes Rathaus, Marktbrunnen, Neues Rathaus) bilden ein einmaliges Gebäudeensemble am Schlossplatz, der die Stadtgeschichte Wiesbadens wie kein anderer Ort widerspiegelt.

36 Naturerlebnis im Park
Die Fasanerie

Kaum weiter entfernt vom Stadtzentrum als der Neroberg mit seinen vielfältigen Attraktionen befindet sich im Nordwesten, eingebettet zwischen Lahnstraße und Aarstraße (B 54), der Tier- und Pflanzenpark Fasanerie. Wie der Name vermuten lässt, steht tatsächlich eine Fasanenzucht am Anfang des heutigen Freizeitparks, die Fürst Karl von Nassau-Usingen (1712–1775) anlegen ließ.

Karl, seit 1733 Regent des Fürstentums, hatte 1744 seine Residenz von Idstein nach Biebrich verlegt. Das herrschaftliche Schloss am Rhein diente vor allem der Repräsentation, ein kleines Jagdschloss am Waldrand sollte dagegen im privaten Kreis vergnüglichen Stunden und als Ausgangsort für Jagdausflüge nützlich sein. Hofbaumeister Friedrich Joachim Stengel (1694–1786), der bereits das Schloss zur imposanten Dreiflügelanlage erweitert hatte, errichtete zwischen 1744 und 1749 das Palais an der heutigen Wilfried-Ries-Straße. Schmuckstück des zweigeschossigen Barockgebäudes mit Walmdach ist der Festsaal im Erdgeschoss mit vortrefflicher Gastronomie. Zum Restaurant gehören ein großer Biergarten und Stallungen, in denen ein Jugendbauernhof untergebracht ist. Um den Erhalt des schmucken Kleinods und des Parks kümmert sich der 1995 gegründete Förderverein Fasanerie.

Die Jagd war einst ein Privileg des Adels und erreichte während der Barockzeit als gesellschaftliches Ereignis ihren Höhepunkt. Die aufwendig inszenierten Parforcejagden erfreuten sich bei den Herren großer Beliebtheit; am Abend durften gelegentlich auch die Damen das Ergebnis der Jagden genießen. Wildfleisch gab es in Fülle, nur keinen Kaffee, den hatte Fürst Karl in seinem Herrschaftsgebiet verboten, da ihm der Import von Kaffeebohnen zu kostspielig erschien. Die Fasanen, die von Hunden aufgestöbert oder vom Baum geschossen wurden, waren als Delikatesse geschätzt. Ihr mageres, helles Fleisch ist geschmacklich dem Hühnerfleisch vergleichbar, erst nach ein paar Tagen des Abhängens entwickelt es den typischen Wildgeschmack. Beliebt waren auch die Fasanenfedern, etwa als Hutschmuck.

Nach dem Tod des Fürsten verlegte sein Sohn und Nachfolger Karl Wilhelm (1735–1803) sein Jagdgebiet, die Fasanenzucht wurde aufgelöst und das Palais als Dienstsitz und Wohnung des Oberförsters genutzt. 1912 übernahm die Stadt das weitläufige Areal einschließlich des Jagdschlösschens von der königlich-preußischen Forstverwaltung. Den heutigen, annähernd 25 Hektar großen Tier- und Pflanzenpark Fasanerie eröffnete sie Ende März 1955. Er ist mittlerweile Heimat von etwa 250 Tieren. Im Gegensatz zu einem Zoo leben hier 50 verschiedenen Tierarten wie Braunbär, Damhirsch, Wildschwein, Wolf, Rotfuchs, Mufflon, Waschbär in einem naturbelassenen Gehege zusammen. In den Volieren lassen sich Vögel wie Turmfalke, Mäusebussard, Uhu, Waldohreule oder Adler entdecken, und ein

Das Jagdschloss Fasanerie (1749) im Norden der Stadt ist Ausgangspunkt für Entdeckungen im Tier- und Pflanzenpark.

Streichelzoo für Kinder bietet eine Annäherung an Meerschweinchen, Hauskaninchen oder Ziegen und Hühner. Von der vielfältigen Tierwelt abgesehen, enthält der Park einen über die Jahrhunderte gewachsenen Baumbestand mit exotischen, hier seltenen, aber auch gewöhnlichen einheimischen Pflanzen, eine Mischung aus Mammutbäumen, Ginkgos, Robinien, Rosskastanien, verschiedenen Eichenarten oder Stechpalmen – Informationen hierzu bietet ein Baumlehrpfad. Ein Naturerlebnis mit allen Sinnen ermöglichen verschiedene naturpädagogische Angebote, und die lehrreiche Naturwerkstatt ist überdies ein idealer Ort, an dem Kinder und Jugendliche einen kreativen und unterhaltsamen Umgang mit den Tieren und der Natur kennenlernen können – und das wenige Minuten von einer Großstadt entfernt.

37 Zement für die Welt
Das Unternehmen Dyckerhoff

Der Name Dyckerhoff ist weit über die Landesgrenzen hinaus ein Begriff. Er steht für große Bauwerke, für Brücken, Tunnel, Wolkenkratzer in Deutschland, im europäischen und im außereuropäischen Ausland. Als Zementfabrik wurde der Konzern im seit 1945 zu Wiesbaden gehörenden Amöneburg gegründet.

Urheber einer außergewöhnlichen Unternehmensgeschichte war der aus Elberfeld stammende Wilhelm Gustav Dyckerhoff (1805–1894), der nach jahrelanger Leitung der Verkaufsniederlassung der Keramikfabrik Villeroy & Boch in Mannheim 1864 in Amöneburg mit seinen Söhnen Gustav (1838–1923) und Rudolf (1842–1917) die Portland-Cement-Fabrik Dyckerhoff & Söhne gründete. Sein Sohn Hermann (1840–1918) war Direktor der Mannheimer Zweigniederlassung. Der um 1820 von dem englischen Erfinder Joseph Aspdin (1778–1855) entwickelte Portlandzement, auch als „hydraulischer Zement" oder „grauer Zement" bezeichnet, dessen Mischung vor allem aus Calciumsilikaten und Calciumaluminaten gebildet wird, erhielt beim Abbinden einen Farbton, der dem Portland-Kalkstein im Süden Englands ähnelte, daher der Name.

Der wagemutige und experimentierfreudige Wilhelm Gustav Dyckerhoff war 1865 Mitbegründer der Cementwarenfabrik Lang & Cie. in Karlsruhe, aus der das Unternehmen Dyckerhoff & Widmann AG (Dywidag) hervorging. Dieser führende Baukonzern gehörte zu den ersten, die große Bauprojekte mit Stampf-, Stahl- und Spannbeton verwirklichten. Für den Amöneburger Betrieb nutzte Dyckerhoff seit 1870 einen Kalksteinbruch (Dyckerhoffbruch, spätere Deponie Mainzer Straße) im Norden des Firmensitzes zur Herstellung von Zement. Das Unternehmen am Rheinufer profitierte vom Bauboom der Gründerjahre, es expandierte und machte sich auch schnell international einen Namen, nachdem es Zement für das Fundament der 1886 vollendeten Freiheitsstatue in New York geliefert hatte. Referenzobjekte in den 1920er-Jahren waren der Mainzer Dom, dessen Instandsetzung mit Dyckerhoff-Beton gelang, oder das Stadion von Montevideo, das für die Fußball-Weltmeisterschaft 1930 in Uruguay mit Beton aus der Amöneburger Zementproduktion errichtet wurde. Dank der florierenden Zementherstellung an mehreren deutschen Standorten und einem Vertriebsunternehmen in den Niederlanden ließ sich die Eigentümerfamilie 1923 den Hesslerhof, ein feudales Herrenhaus in Nähe der Fabrik, nach Plänen des renommierten Architekten Paul Korff (1875–1945) erbauen.

Walter Dyckerhoff (1897–1977), ein Urenkel des Unternehmensgründers, war Erfinder des Weißbetons („Dyckerhoff Weiß"), der sich aufgrund seines geringen Eisenoxidgehalts für Terrazzo, Sichtbeton und weißen Putz eignet. Aufgrund solcher Innovationen und zahlreicher Patente sowie mit etlichen Fusionen ent-

Seit 1864 ist die Firma Dyckerhoff eines der führenden Unternehmen in der Rhein-Main-Region, hier der Standort Amöneburg.

wickelten sich die Dyckerhoff-Werke zum führenden Zementhersteller in Deutschland. Dabei profitierten sie auch vom groß angelegten Straßen- und Autobahnbau in der NS-Zeit. Nach mehreren Namenswechseln hieß der Konzern seit 1956 Dyckerhoff Zementwerke AG und ab 1985 Dyckerhoff AG. Einen weiteren Fortschritt und Aufschwung bedeutete ab den frühen 1960er-Jahren die Investition ins Transportbeton-Geschäft, bei dem der Beton in stationären Betonmischanlagen hergestellt und mittels Betonmischfahrzeugen zur Baustelle gebracht wird. Mit dieser damals neuen Methode beteiligte sich das Unternehmen maßgeblich am Wiederaufbau der Bundesrepublik. Im Lauf der Jahrzehnte erwarb der Konzern zahlreiche Betriebe und Beteiligungen, unter anderem in den USA, in Russland, Tschechien, Polen, Luxemburg, in der Ukraine und der Slowakei. Seit 2013 gehört das in eine GmbH umgewandelte Unternehmen zu 100 Prozent zum 1907 gegründeten italienischen Zement- und Baustoffhersteller Buzzi Unicem mit Sitz in Casale Monferrato. Das umfangreiche Unternehmensarchiv der Dyckerhoff AG jedoch befindet sich im Wiesbadener Stadtarchiv.

38 Aufstand des Gewissens
Ludwig Beck und der 20. Juli 1944

Wiesbaden kann auf zahlreiche Töchter und Söhne der Stadt stolz sein, die in der Forschung, Wirtschaft, Kunst, Politik, im Sport oder auf anderen Gebieten Hervorragendes geleistet haben. Zu diesen überregional bekannten Vorbildern gehört Ludwig Beck (1880–1944), der Widerstandskämpfer.

Geboren wurde Ludwig Beck in Biebrich als Sohn von Ludwig Beck senior (1841–1918), Eigentümer der Nassauischen Rheinhütte und Verfasser des in Fachkreisen anerkannten umfangreichen Werkes „Die Geschichte des Eisens", und von dessen Frau Bertha (1845–1909). Ludwig junior besuchte das Humanistische Gymnasium (heute Diltheyschule) am Luisenplatz. Kurz nach seinem Abitur ging er als Offiziersanwärter in das 1. Ober-Elsässische Feldartillerie-Regiment Nr. 15 der preußischen Armee nach Straßburg. Innerhalb weniger Jahre absolvierte er an verschiedenen Orten seine militärische Ausbildung, bis er 1913 zum Hauptmann befördert wurde. Den Ersten Weltkrieg verbrachte er an der Westfront.

Sein Charakter war geprägt von Gehorsam, Pflichterfüllung, aber auch kritischem Denken und Kameradschaft. Beck, zu dessen Vorfahren mehrere hessische Offiziere gehörten, war nach dem Kriegsende und der Abschaffung der Monarchie desillusioniert und zusätzlich belastet durch den frühen Tod seiner Frau Amelie (1893–1917), mit der er nur anderthalb Jahre verheiratet gewesen war. In der Weimarer Republik gehörte er dem 100.000-Mann-Heer an; er übernahm an verschiedenen Orten hohe Positionen und wurde schließlich 1932 zum Generalleutnant befördert. Seine militärische Karriere konnte er zu Beginn des „Dritten Reiches" nahtlos fortsetzen. Nach Verwendung im Reichswehrministerium wurde er 1935 General der Artillerie und war als Generalstabschef verantwortlich für die von Adolf Hitler (1889–1945) gewünschte Aufrüstung des Heeres.

Beck gehörte als Privatmann der bereits 1863 gegründeten Mittwochsgesellschaft in Berlin an, einem Zirkel von konservativen und liberalen Persönlichkeiten des öffentlichen Lebens. Hier traf er auf Gleichgesinnte, die, nach anfänglicher Sympathie für Hitler, sich als Gegner des NS-Regimes positionierten. Einigkeit bestand darin, dass der Krieg, den Hitler bereits 1937 anstrebte, verhängnisvoll für Deutschland sei. Beck, der wegen seiner Erfahrung und seines Alters innerhalb der Generalität als Autorität geschätzt und anerkannt war, versuchte nach der Annexion Österreichs im März 1938, mit mehreren Denkschriften und durch Vorträge auf das Risiko eines Angriffskrieges hinzuweisen. Nachdem er aber erkennen musste, wie wenig Unterstützung er bei den anderen hohen Offizieren fand, reichte er im August 1938 seinen Rücktritt ein.

Während Beck zurückgezogen in Berlin lebte, unterhielt er Kontakte mit Oppositionellen wie Carl Friedrich Goerdeler (1884–1945), dem ehemaligen Oberbürgermeister von Leipzig, mit dem

Generaloberst und Widerstandskämpfer Ludwig Beck (1880–1944) war eine 20-Pfennig-Sonderbriefmarke von 1964 gewidmet.

er 1941 die Denkschrift „Das Ziel" verfasste, die „Grundsätze für eine Neuordnung" nach dem Krieg vorsah. Vertreter des militärischen und zivilen Widerstands hatten für die Zeit „nach Hitler" Goerdeler als Reichskanzler und Beck als Staatsoberhaupt vorgesehen. Nach dem missglückten Attentat auf Hitler am 20. Juli 1944 wurde die Widerstandsgruppe im Bendlerblock, dem Sitz des Allgemeinen Heeresamtes, verhaftet. Claus Schenk Graf von Stauffenberg (1907–1944) und andere Mitverschwörer wurden noch in der Nacht hingerichtet, Beck erhielt Gelegenheit zum Freitod. Als es ihm jedoch nicht sofort gelang, erschoss ein Feldwebel den Sterbenden. Becks Leiche wurde zunächst in Berlin-Schöneberg bestattet, dann aber exhumiert, verbrannt und die Asche verstreut, das heißt, von ihm existiert keine letzte Ruhestätte.

Deutschlandweit erinnern Straßen mit seinem Namen an Ludwig Beck, auch in Biebrich, dort ist zudem eine Grundschule nach dem Widerstandskämpfer benannt. Außerdem vergibt die Stadt Wiesbaden seit 2004 den Ludwig-Beck-Preis für Zivilcourage. Das mutige Aufbegehren gegen das NS-Regime anderer aus Wiesbaden stammender oder hier tätiger Oppositioneller und Widerstandskämpfer wird durch die Benennung von Straßen in Klarenthal gewürdigt, etwa nach Konrad Arndt (1899–1940), Hans Buttersack (1880–1945), Otto Haese (1874–1944), Moritz Marxheimer (1871–1942) und Hermann Kaiser (1885–1945), der wie Beck am 20. Juli 1944 in Berlin beteiligt war.

39 Spende eines Industriellen
Das Opelbad

Mehr als 3500 Freibäder gibt es in Deutschland, das „schönste" befindet sich in Wiesbaden: 80 Meter über der Innenstadt am Südhang des Neroberges gelegen und von Weinbergen umgeben, lädt das Opelbad zum Verweilen ein. Bekanntlich hat das Baden in Wiesbaden Tradition, denn bereits die Römer nutzten die Schützenhofquelle, die als älteste Thermenanlage der Stadt gilt, zur Erholung und zum Vergnügen.

Erste Freibäder entstanden im Zug der Industrialisierung ab Mitte des 19. Jahrhunderts, sie wurden an Seen oder Flüssen als Natur- und Strandbäder angelegt, hier in der Maaraue. In dieser Zeit verfügten nur die Wohnungen wohlhabender Schichten über ein eigenes Badezimmer. Aus hygienischen Gründen und zur Vermeidung der Übertragung von Krankheiten sollten sich aber auch die Arbeiter regelmäßig waschen. Initiiert durch die Berliner Hygieneausstellung 1883, wurden deshalb für minderbemittelte Personen in deutschen Großstädten zunehmend öffentliche Bade- und Waschanstalten in Gebäuden eingerichtet. Unter einem Bad verstand man damals noch kein Wannen-, sondern ein Brausebad. Zu den ältesten und schönsten Hallenbädern überhaupt gehört die Wiesbadener Kaiser-Friedrich-Therme, 1913 als Kaiser-Friedrich-Bad eröffnet. Die meisten Freibäder im heutigen Sinn wurden, von Ausnahmen abgesehen, in den 1960er- und 70er-Jahren eröffnet.

Dank einer großzügigen Spende des Geheimrats Wilhelm von Opel (1871–1948) war dieses Freizeitvergnügen in Wiesbaden bereits seit dem 16. Juni 1934 möglich. Wie so viele Unternehmer vor und nach ihm hatte es 1928 den Rüsselsheimer Auto-Industriellen nach Wiesbaden gezogen. Wenige Jahre zuvor hatte er mit der Produktion des legendären „Opel Laubfrosch" die Fließbandfertigung in der deutschen Automobilindustrie eingeführt. Nach dem Verkauf der von seinem Vater Adam Opel (1837–1895) gegründeten Firma an das US-Unternehmen General Motors stand ihm ein riesiges Vermögen zur Verfügung. Ein Jahr, nachdem Opel zum Ehrenbürger der Stadt ernannt worden war, wurde das nach ihm benannte Schwimm- und Sonnenbad im sachlich-schlichten, aber sehr zweckmäßigen Stil des Neuen Bauens fertiggestellt. Architekten des fortschrittlichen Bads, das als modernste Einrichtung dieser Art galt, waren der aus Wien stammende Franz Schuster (1892–1972), Mitarbeiter von Ernst May in Frankfurt und dort Lehrer an der Städelschule, sowie der ortsansässige Edmund Fabry (1892–1939), der wiederum den Maler Alexej Jawlensky zur Übersiedlung nach Wiesbaden veranlasst hatte. Die Gestaltung der Grünanlage des einzigartig gelegenen Bades übernahm der Wiesbadener Gartenarchitekt Wilhelm Hirsch (1887–1957).

Das Opelbad wurde von den Kurbetrieben verwaltet, die es bereits 1936 um ein Nichtschwimmerbecken erweiterten.

Aufgrund seiner Lage gilt das Opelbad von 1934 am Neroberg als schönstes Freibad Deutschlands.

Ein Ausbau des Geländes, inzwischen mit Wasserrutsche, Tischtennisplatten, finnischer Sauna, Beachvolleyballfeld, auf rund 15.000 Quadratmeter erfolgte 1958. Die letzte große Sanierung, für die Mattiaqua, der Eigenbetrieb der Stadt für Quellen, Bäder, Freizeit, zuständig war, fand 2018 statt. Damals erhielt das Bad für mehr als eine Million Euro ein hochwertiges Edelstahlbecken, einen neuen Schwallwasserbehälter und eine frequenzgesteuerte Pumpe. Die Neueröffnung zum Saisonstart übernahmen Oberbürgermeister Sven Gerich (geb. 1974) und der Schwimmer und Olympiateilnehmer von 2016 Christian Reichert (geb. 1985). Weiterhin erfreuen sich Stammbesucher und Gäste des Restaurants an dem „schönsten Freibad Deutschlands", das einen Panoramablick wie kein anderes bietet.

40 Gedenken an Mitbürger
Das jüdische Leben

Lange hat es gedauert, bis die Stadt eine angemessene Gedenkstätte für die Opfer des Holocausts errichtete. Erst 2011 wurde am Standort der in der Pogromnacht vom 9./10. November 1938 zerstörten Synagoge am Michelsberg die Gedenkstätte für die ermordeten Wiesbadener Juden eingeweiht.

Anders als in der Nachbarstadt Mainz spielte die jüdische Gemeinde in Wiesbaden keine große wirtschaftliche und gesellschaftliche Rolle innerhalb der Stadtgemeinschaft, der Anteil der Juden lag über die Jahre hinweg bei nur zwei Prozent der Bevölkerung. Zwar gab es auch hier bereits im späten Mittelalter jüdisches Leben, doch nur wenige Familien sind überliefert und jeweils nur für kurze Zeit. Jüdische Männer besaßen bis ins 19. Jahrhundert hinein kein Bürgerrecht, und meist liegen Informationen über sie nur im Zusammenhang mit Ausweisungen vor. Immerhin ist schon aus dem Jahr 1535 eine „Juden Badstub" belegt, ein weiteres Badehaus nur für Juden wurde 1573 im Umfeld des Kochbrunnens eingerichtet. Der Zutritt zu anderen Badebetrieben und zur Kurpromenade war Juden noch im 18. Jahrhundert untersagt.

Zunächst genügte den wenigen Gemeindemitgliedern ein Betraum. Doch mit dem Bevölkerungsanstieg siedelten sich auch vermehrt Menschen jüdischen Glaubens in der Stadt an; im Jahr 1842 waren es 247 bei rund 12.000 Bewohnern. Seit 1826 stand eine kleine Synagoge in der Schwalbacher Straße zur Verfügung. Angesichts der Zunahme der Gemeindemitglieder wurde im August 1869 während der langen Amtszeit des Bezirksrabbiners Samuel Süßkind (1811–1894) ein repräsentatives Gotteshaus im maurischen-byzantinischen Stil mit Orgel und Plätzen für 600 Gläubige am Michelsberg eingeweiht. Architekt des außergewöhnlichen Baus, der aufgrund seiner Lage wie die Marktkirche und die russisch-orthodoxe Kirche das Stadtbild prägte, war der Stadtbaumeister Philipp Hoffmann. Wie unbeschwert die Konfessionen zu dieser Zeit miteinander lebten, bezeugt die Anwesenheit des preußischen Königs Wilhelm I. bei einem Festkonzert im Kursaal anlässlich der Eröffnung der Synagoge und zugunsten der Gemeinde.

Doch einigen orthodoxen Mitgliedern missfielen die liberalen Ansichten und die Reformgottesdienste, sodass sie sich abspalteten, als Altisraelitische Kultusgemeinde eine unabhängige Gemeinde bildeten und 1885 eine eigene Synagoge mit traditioneller Inneneinrichtung in der Friedrichstraße bauen ließen, die 1897 erweitert wurde. 1910 wurde zudem die Synagoge des Talmud-Tora-Vereins in der Nerostraße eingeweiht. Um 1900 waren rund 2000 Juden in der etwa 100.000 Einwohner großen Stadt ansässig. Sie unterhielten zwar eigene Schulen und Einrichtungen, waren aber gesellschaftlich verankert und Teil der Wiesbadener Kultur, der Wirtschaft und des Sports.

Seit 2011 steht ein Mahnmal für die jüdischen Opfer des Nationalsozialismus auf dem Michelsberg.

Ab Ende der 1920er-Jahre gab es vereinzelt antisemitische Vorfälle, und mit dem Machtantritt der Nationalsozialisten im Januar 1933 begann auch in Wiesbaden die systematische Verdrängung der jüdischen Mitbürger, zunächst rechtlich, dann wirtschaftlich und gesellschaftlich. Schließlich leitete die bewusste Zerstörung der Synagoge am Michelsberg im November 1938 eine neue Phase der Judenverfolgung ein, die mit den Deportationen (ab 1942) in die Vernichtungslager endete. Der noch vorhandene Sockel des Gotteshauses fungierte im Krieg als Löschwasserbecken, nach dem Krieg als Parkplatz, bis auch diese Reste aufgrund des Ausbaus der Coulinstraße verschwanden. Die orthodoxe Synagoge in der Friedrichstraße wurde ebenfalls geschändet, aber wegen der engen Bebauung der Umgebung nicht in Brand gesteckt; sie diente als Sammelpunkt für die Deportationen. 1500 Juden aus Wiesbaden wurden ermordet.

Von den rund 3100 Juden im Jahr 1930 kehrten nur wenige zurück. Nach und nach wuchs die Gemeinde wieder an, heute besteht sie aus annähernd 1000 Mitgliedern. 1966 wurde im Hinterhof des alten Grundstücks in der Friedrichstraße eine neue Synagoge eingeweiht. Seit 1999 spiegelt das Aktive Museum Spiegelgasse für Deutsch-Jüdische Geschichte in Wiesbaden e.V. das jüdische Erbe als Teil der Stadtgeschichte wider. Zum Engagement des Trägervereins gehört seit 2008 auch die Verlegung von Stolpersteinen durch den Künstler Gunter Demnig (geb. 1947). An die Deportationen der Juden durch die Nationalsozialisten erinnert ein Mahnmal an der Schlachthof-Rampe, auch in den Stadtteilen Biebrich, Bierstadt, Nordenstadt und Schierstein gibt es Gedenkstätten. Als zentraler Gedenkort aber gilt die Gedenkstätte Michelsberg, die im Jahr 2011 am 27. Januar, dem Gedenktag für die Opfer des Nationalsozialismus, eröffnet wurde. Ermöglicht wurde die Errichtung am authentischen Ort, an dem bereits seit den 1950er-Jahren eine Bronzetafel angebracht war, 2001 mit dem Abriss der 1969 errichteten Hochstraße. Das Mahnmal aus sieben Meter hohen Stahlbetonwänden macht die Ausmaße der ehemaligen Synagoge sichtbar; hier sind die Namen der mehr als 1500 Opfer verewigt. Zeugnisse jüdischen Lebens sind außerdem der alte jüdische Friedhof (zwischen Schöne Aussicht und Hergenhahnstraße) und der neue Begräbnisplatz an der Platter Straße.

41 Behörden mit Reichweite
Statistisches Bundesamt und BKA

Wiesbaden verfügt als Landeshauptstadt über Einrichtungen wie das Landesmuseum, die Landesbibliothek, das Statistische Landesamt, Landesarchiv und Landesarbeitsgericht. Aber auch Behörden mit überregionaler Bedeutung haben hier ihren Sitz: das Statistische Bundesamt, das Bundesinstitut für Bevölkerungsforschung und das Bundeskriminalamt.

Tagtäglich wird uns eine Vielzahl von Statistiken präsentiert. Wir erfahren, dass in Deutschland der durchschnittliche Weinkonsum (einschließlich Sekt) bei 24 Litern pro Kopf und Jahr liegt oder dass jeder Deutsche im Durchschnitt 3651 Rollen Toilettenpapier in seinem Leben verbraucht. All diese interessanten und mehr oder weniger nützlichen Informationen zu Verbrauch, Preisen, Lebensbedingungen und anderem liefert uns das Statistische Bundesamt (StBA), das seinen Hauptsitz am Gustav-Stresemann-Ring hat (mit Zweigstelle in Bonn). Gegründet wurde die Bundesoberbehörde 1948. Vorläuferinstitutionen waren das Kaiserliche Statistische Amt (ab 1872) und das Statistische Reichsamt (ab 1918), die beide mit Sitz in Berlin schon zu ihrer Zeit umfangreiche Daten zu Bevölkerung, Produktion, Verkehr erhoben, sammelten und auswerteten. Der oberste Repräsentant der heutigen Behörde, die dem Bundesministerium des Innern und für Heimat untersteht, ist zugleich Bundeswahlleiter, das heißt, er ist zuständig für Organisation und Überwachung der Wahlen auf Bundesebene.

Ebenfalls dem Bundesinnenministerium untersteht das 1973 gegründete Bundessinstitut für Bevölkerungsforschung (BiB) mit Sitz in der Friedrich-Ebert-Allee. Ein Team aus Demografen, Soziologen, Statistikern, Mathematikern, Wirtschaftswissenschaftlern, Politologen und Geografen analysiert die Ursachen und Folgen des Bevölkerungswandels. Dafür werden Daten erhoben zu den Bereichen Geburtenentwicklung, Familie, Mobilität oder Migration. Es wird untersucht, wie sich Familienstrukturen und Lebensformen im Lauf der Jahrzehnte veränderten. Dominierte einst die traditionelle Familie mit Vater, Mutter und zwei Kindern, gibt es heute viele Alleinerziehende und Patchworkfamilien. Die Lebenserwartung der Deutschen wird alljährlich aktuell berechnet, noch immer erweisen sich dabei demografische Unterschiede zwischen West und Ost. Relevant sind solche Daten für die Politik (z.B. die Renten- und die Wohnungsbaupolitik).

Eine weitere Bundesbehörde in der hessischen Landeshauptstadt ist das Bundeskriminalamt (BKA), verteilt über mehrere Standorte im Stadtgebiet (das Hauptgebäude befindet sich in der Thaerstraße) und mit Nebensitzen in Berlin und Meckenheim. Die 1951 ins Leben gerufene Strafverfolgungsbehörde dürfte die bekannteste dieser Bundesbehörden sein, auch hat sie mit rund 8150 Bediensteten die meisten Beschäftigten. Als Zentralstelle der deutschen Kriminalpolizei ist auch sie dem Innenministerium unter-

Wiesbaden ist nicht nur Landeshauptstadt, sondern auch Sitz wichtiger Bundeseinrichtungen, hier das Statistische Bundesamt am Gustav-Stresemann-Ring.

stellt. Zunächst hatte die Bundesregierung Hamburg als Hauptsitz vorgesehen, da die Hansestadt „in der internationalen Verbrecherbekämpfung seit jeher führend" gewesen sei, doch für Wiesbaden sprachen damals die weitgehend intakte Bausubstanz und die günstige Lage. Bereits 1945 war von der US-amerikanischen Besatzungsmacht das Hessische Kriminalamt gegründet worden. Zusammengearbeitet wird nicht nur mit den Landeskriminalämtern, sondern seit 1952 auch mit der Internationalen Kriminalpolizeilichen Organisation (Interpol). Zu den vielfältigen Aufgaben des Bundeskriminalamtes gehören der Schutz der Verfassungsorgane (wie Bundespräsident, Bundesregierung), Gefahrenabwehr in Fällen des internationalen und nationalen Terrorismus, Ermittlungen zum internationalen Handel mit Waffen, Munition, Drogen. Das Amt gliedert sich in verschiedene Bereiche (wie Fahndungsdienst, Staatsschutz, Organisierte Kriminalität). Spektakuläre Fälle, bei denen das Bundeskriminalamt ermittelte, waren das Oktoberfestattentat 1980, die Terroranschläge in den USA 2001, der Sprengsatzfund am Bonner Hauptbahnhof 2012 und der Anschlag auf den Berliner Weihnachtsmarkt 2016.

42 Wo ein Krimi-Staatsanwalt ermittelt
Die Stadt im Film

Als Filmdrehort ist Wiesbaden nicht so bekannt wie andere Landeshauptstädte, doch auch hier fanden und finden Aufnahmen zu bekannten Filmen statt. Erst recht ist die Stadt bekannt als Wirkungsort eines populären Staatsanwalts in einer Krimiserie.

Wiesbaden war eine der wenigen Großstädte in Deutschland, die weitgehend vom Bombenkrieg des Zweiten Weltkrieges verschont geblieben waren, daher bot sich in der Nachkriegszeit die Stadt als Kulisse für den Heimatfilm „Wenn der weiße Flieder wieder blüht" mit Magda Schneider (1909–1996) und Willy Fritsch (1901–1973) an. Der Film, der im November 1953 Premiere hatte, spielt im Bergkirchenviertel, zeigt den Kurpark und das damals noch vorhandene Neroberghotel. In dem erfolgreichen und oft wiederholten Film hatten Romy Schneider (1938–1982) und Götz George (1938–2016) ihr Filmdebüt. Nur ein Jahr später waren erneut das Kurhaus und die Theaterkolonnaden Schauplatz des Films „Ball der Nationen" mit Zsa Zsa Gabor (1917–2016) und Gustav Fröhlich (1902–1987) in den Hauptrollen. Als junge Schlagersängerin brillierte Lys Assia (1924–2018), erste Gewinnerin des Grand Prix Eurovision de la Chanson (1956), und auch für Chris Howland (1928–2013), damals Discjockey beim Nordwestdeutschen Rundfunk, war es einer seiner ersten Filmauftritte. Der Hessische Rundfunk nutzte 1978 die Villa Clementine für Innenaufnahmen der elfteiligen, überwiegend aber in Danzig gedrehten Romanverfilmung „Die Buddenbrooks".

Größere Bekanntheit als Filmstadt erreichte Wiesbaden dank der im ZDF, SRF 1 sowie im ORF 2 seit 2005 ausgestrahlten Krimiserie „Der Staatsanwalt" mit Rainer Hunold (geb. 1949) in der Hauptrolle als Oberstaatsanwalt Bernd Reuther. Bis 2023 wurden 18 Staffeln mit mehr als 100 Folgen gesendet, von denen einige Titel Hinweise auf die Schauplätze enthielten („Mord am Rhein", „Die Toten im Weinberg", „Rheingau blutrot", „Taunushexe", „Nachts im Weinberg"). Idyllische Kulisse der unterhaltsamen Serie sind oftmals Weinberge, repräsentative Weingüter und Schlösser des Rheingaus. Vor allem ist die Innenstadt von Wiesbaden (Wilhelmstraße, Marktkirche, Rathaus, Kochbrunnen, Villen im Nerotal) zu sehen, das Biebricher Schloss und der nahe Rhein oder in späteren Episoden der (ehemalige) Bahnhof Dotzheim, an dem Heinrich Schafmeister (geb. 1957) als Imbissbudenbesitzer Stefan Schiller dem Staatsanwalt so manchen guten Tipp gibt. Die Hauptfigur hat ihr Büro jedoch nicht in der Staatsanwaltschaft und im Justizzentrum Wiesbaden, einem modernen Bau an der Mainzer Straße, sondern im Neuen Rathaus. Die Innenaufnahmen für dieses eindrucksvoll große Büro jedoch finden im Landesamt für Denkmalpflege im Schloss Biebrich

Der Haupteingang des Neuen Rathauses ist oft als Kulisse der Serie „Der Staatsanwalt“ zu sehen; im Film dient das Gebäude als Staatsanwaltschaft.

statt. Bis zur 13. Staffel befand sich das Gebäude, das als Polizeirevier dient, in der Hans-Bredow-Straße, seitdem steht es in Mainz-Kastel.

Auch wenn der „Tatort Wiesbaden“ seit 2010 in der Landeshauptstadt angesiedelt ist, sind in seinen Folgen Schauplätze der Stadt nur selten zu sehen. In dieser vom Hessischen Rundfunk produzierten Serie spielt Ulrich Tukur (geb. 1957) den Kriminalhauptkommissar Felix Murot, Beamter beim Hessischen Kriminalamt Wiesbaden. Bis 2022 wurden elf Folgen ausgestrahlt, wobei Nr. 4 („Im Schmerz geboren“, 2014), zugleich der 920. Fall der Tatort-Reihe, als der Tatort mit den meisten Toten (54) in die Geschichte der beliebten Krimiserie einging; Eindruck hat hier weniger das unübersichtliche Gemetzel gemacht, eher das Kurhausgelände als Schauplatz.

43 Schauspielerinnen aus der Kurstadt

Simone Signoret, Karin Dor …

Wiesbaden ist die Geburtsstadt zahlreicher Schauspielerinnen: Karin Dor, Ingeborg Schöner, Kathrin Ackermann, Eleonore Weisgerber, Lina Carstens und einiger mehr. Sie traten im Stummfilm, in neueren Filmproduktionen, im Fernsehen und im Theater auf. Dabei überrascht ein Name, denn Simone Signoret (1921–1985) hätte man hier nicht vermutet.

Tatsächlich ist Signoret, eine der bekanntesten Schauspielerinnen Frankreichs im 20. Jahrhundert, in der Kurstadt geboren, da hier ihr Vater als Offizier der französischen Besatzungsarmee stationiert war. Die mit vielen internationalen Preisen ausgezeichnete Charakterdarstellerin und Oscar-Preisträgerin des Jahres 1960 (als beste Hauptdarstellerin in „Der Weg nach oben") glänzte in mehr als 70 Film- und Fernsehproduktionen.

Noch umfangreicher ist das Werk, das Karin Dor (1938–2017) hinterlassen hat; sie trat in über 80 Filmen auf. Vor allem mit Spielfilmen der 1960er-Jahre, die noch heute häufig wiederholt werden, wird sie in Erinnerung bleiben. Dazu gehören Edgar-Wallace-Verfilmungen wie „Der grüne Bogenschütze" oder „Der unheimliche Mönch" und legendäre Karl-May-Filme wie „Der Schatz im Silbersee". International bekannt wurde Dor ferner mit dem Klassiker „James Bond 007 – Man lebt nur zweimal" (1967). Im Alter war die beliebte Darstellerin in mehreren „Traumschiff"-Folgen und Rosamunde-Pilcher-Verfilmungen zu sehen.

Beeindruckend ist die schauspielerische Kontinuität von Ingeborg Schöner (geb. 1935), die seit sieben Jahrzehnten im Film, im Fernsehen und auf der Bühne präsent ist. Bekannt wurde sie durch etliche Melodramen der 1950er-Jahre („Der schweigende Engel"). Immer wieder trat sie in bekannten Seien auf („SOKO 5113", „Der Bergdoktor", „Die Rosenheim-Cops"), einen ihrer letzten Auftritte hatte sie in „Die Bestatterin – Die unbekannte Tote" (2021). Das ebenso umfangreiche Wirken ihrer Kollegin Kathrin Ackermann (geb. 1938) begann ebenfalls in den 1950er-Jahren („Drillinge an Bord"). Die Stieftochter des Dirigenten Wilhelm Furtwängler (1886–1954) und Synchronsprecherin wirkte in völlig unterschiedlichen Produktionen mit, so in „Wochentags immer" (1963), der Fernsehserie „Die glückliche Familie" (1987–89) und in „Hotel Heidelberg" (2018/19). Vielen „Tatort"-Fans wurde die Darstellerin bekannt als Annemarie Lindholm, Mutter der Hauptkommissarin Charlotte Lindholm, die von Maria Furtwängler (geb. 1966) verkörpert wird, ihrer Tochter auch im richtigen Leben. Die 1947 in Wiesbaden geborene Schauspielerin Eleonore Weisgerber, viel herumgekommen (unter anderem aufgewachsen in der Dominikanischen Republik) und vielseitig begabt, tritt seit mehr als 50 Jahren regelmäßig in Kino- und Fernsehproduktionen auf. Hauptrollen spielte sie in Serien wie „Praxis Bülowbogen", „Büro, Büro" und „Ein Heim für Tiere", etwa ebenso häufig präsentierte sie

Die französische Schauspielerin Simone Signoret, hier auf einer französischen Briefmarke von 1998, wurde 1921 in Wiesbaden geboren.

sich in Folgen der Krimis „Derrick", „Der Alte" und „Tatort".

Während diese Schauspielerinnen in Wiesbaden „nur" geboren wurden und dort allenfalls ihre ersten Lebensjahre verbracht haben, hatte Grete Wurm (1919–2002) eine etwas tiefere berufliche Beziehung zu ihrer Geburtsstadt; zwischen 1945 und 1948 gehörte sie dem Ensemble des Hessischen Staatstheaters an. In den 1980er- und frühen 1990er-Jahren wurde sie mit ihrer Rolle als Oma Margarethe in der Serie „Diese Drombuschs" einem breiten TV-Publikum bekannt.

Schon Stars der Stummfilmära erblickten in Wiesbaden das Licht der Welt: Lina Carstens (1892–1978), die hier auf die „Höhere Töchterschule" (heutige Helene-Lange-Schule) ging und bei dem renommierten Theaterregisseur Hans Oberländer (1870–1942) Schauspielunterricht nahm, als dieser 1907/08 am damaligen Königlichen Hoftheater (heute Staatstheater) tätig war. Ihre erste Filmrolle hatte sie 1922 („Leidendes Land"), ihre letzte („Eurydike oder Das Mädchen von Nirgendwo") 1978. Dazwischen spielte die beliebte Charakterdarstellerin Nebenrollen in Erfolgsfilmen wie „Zu neuen Ufern" (1937), „Sauerbruch – das war mein Leben" (1954), „Das schwarze Schaf" (1960) und „Drei Männer im Schnee" (1974).

Noch weiter zurück reichen die Auftritte von Lia Eibenschütz (1899–1985), die ihre erste Rolle 1915 („Der Mann ohne Gedächtnis") hatte und dann in rund 50 Stummfilmen mitwirkte. Zu ihren bekannten Filmen der Nachkriegszeit zählen „Das Haus in Montevideo" (1951) und „Neues vom Hexer" (1965), ihre letzte Rolle spielte sie im 10. Teil der ARD-Familienserie „Goldene Zeiten – Bittere Zeiten" (1981).

Ebenfalls in Wiesbaden geboren sind die Schauspielerinnen Fee von Reichlin (1912–2002), Anna Teluren (1916–2018), die in ihrem langen Leben in Serien wie „Die Firma Hesselbach" (1962/67) und „Lindenstraße" (1989–90) zu sehen war, Erika Skrotzki (geb. 1949) mit Auftritten in „Männer sind was Wunderbares" und „Der Landarzt" sowie Katharina Schubert (geb. 1963), bekannt unter anderem aus TV-Serien wie „Da kommt Kalle" oder „In aller Freundschaft".

44 Qualität für Kino und Fernsehen
Film-Institutionen

Wichtige Institutionen von Film und Fernsehen haben ihren Sitz in Wiesbaden. Sie setzen sich mit hohem Anspruch für Qualität im Film, die Bewahrung des kulturellen Erbes und die optimale Verbreitung wertvoller Werke ein.

Die Friedrich-Wilhelm-Murnau-Stiftung mit Sitz in Wiesbaden wurde 1966 von der deutschen Filmwirtschaft errichtet. Sie ist benannt nach Friedrich Wilhelm Murnau (1888–1931), einem der einflussreichsten Filmregisseure der Stummfilmzeit, und archiviert, konserviert, restauriert oder rekonstruiert historische Filme, um sie der Nachwelt zugänglich zu machen. Internationales Aufsehen erregte 2010/11 die digitale Restaurierung der Filmklassiker „Die Nibelungen“ (1924) und „Metropolis“ (1927) des Regisseurs Fritz Lang. Es folgte die restaurierte Fassung von „Das Cabinet des Dr. Caligari“ (Robert Wiene, 1920). Die Stiftung verwaltet ein fast unüberschaubares Filmerbe, das aus mehr als 6000 in Deutschland entstandenen Stumm- und Tonfilmen von den frühen Anfangsjahren Ende des 19. Jahrhunderts bis in die 1960er-Jahre hinein besteht. Als Inhaber der Rechte ist die Stiftung zugleich verantwortlich für den Umgang mit sogenannten Vorbehaltsfilmen, also Filmen aus der NS-Zeit, die wegen ihres antisemitischen, kriegsverherrlichenden oder rassistischen Inhalts öffentlich nur mit erläuterndem Kommentar gezeigt werden dürfen (dies betrifft rund 40 Propagandafilme wie „Hitlerjunge Quex“, „Jud Süß“, „Ich klage an“ oder „Kolberg“).

Zur Stiftung gehört das Deutsche Filmhaus in der Murnaustraße, in dem Filme gezeigt werden. Dort sind auch das Landesstudio Hessen des ZDF und die Freiwillige Selbstkontrolle der Filmwirtschaft (FSK) ansässig. Diese Kommission wurde bereits 1949 gegründet und prüft die Altersfreigabe von Medien. Ihre Kategorien lauten: „ohne Altersbeschränkung“, „freigegeben ab sechs Jahren“, „freigegeben ab zwölf Jahren“, „freigegeben ab sechzehn Jahren“ und „keine Jugendfreigabe“.

Doch in Wiesbaden werden nicht nur Zensuren erteilt, sondern auch Lob: Die Deutsche Film- und Medienbewertung (FBW) mit Sitz im Schloss Biebrich wurde 1951 auf Initiative der Kultusministerkonferenz gegründet. Ihre Aufgabe besteht darin, Filme zu prüfen und zu bewerten. Die Jury aus Gutachtern aller Bundesländer vergibt die Prädikate „wertvoll“ und „besonders wertvoll“ für herausragende Leistungen, wobei sie die Qualität der Filme nach bestimmten Kriterien beurteilt (wie sachliche Richtigkeit, Relevanz, besondere Techniken, Kameraführung); diese Einschätzung soll den Kinogängern eine Orientierung geben.

Zur Filmstadt Wiesbaden gehört außerdem das im Januar 2000 eröffnete kommunale Kino, die „Caligari Film-Bühne“, untergebracht in einem Gebäude am Marktplatz, in dem 1926 das Stumm-

Einen wichtigen kulturellen Beitrag leistet seit 2000 die „Caligari FilmBühne" am Marktplatz.

filmkino „Ufa im Park" eröffnet worden ist. Namensgeber ist der expressionistische Stummfilm „Das Cabinet des Dr. Caligari", der als Meilenstein der Filmgeschichte gilt. Vorbild der städtischen Institution ist das bereits 1970 gegründete Filmforum Duisburg, das älteste kommunale Kino in Deutschland. Nach dem Motto „Qualität, nicht Quantität" werden ausländische Produktionen in Originalsprache, Filmklassiker, Festivalsieger oder sozialkritische und zeitgeschichtliche Dokumentarfilme gezeigt. Zum vielseitigen Angebot gehören alljährlich das schwul-lesbische Filmfest „Homonale", ebenso Filmseminare und Veranstaltungen für Schulklassen. Eine Besonderheit des nicht-kommerziellen Kinos sind die Diskussionen im Anschluss an die Vorführungen. Außerdem ist das Kino seit 2005 Austragungsort des Wettbewerbs um den deutschen Fernsehkrimipreis. Mit dem Preis ist ein außergewöhnlicher Hauptgewinn verbunden, nämlich 1000 Liter Rheingau-Riesling. Die „Caligari FilmBühne", mit ihrem künstlerisch wertvollen Programm längst eine kulturelle Institution der Stadt, ist nach Ansicht des 1939 in Wiesbaden geborenen Filmproduzenten, Regisseurs und Oscar-Preisträgers von 1980 Volker Schlöndorff ein „Juwel unter den Lichtspielhäusern".

45 Umstrittene Eingemeindungen
AKK: Amöneburg, Kastel, Kostheim

Viele Zeitgenossen denken bei der Abkürzung AKK an eine ehemalige Bundespolitikerin, in Wiesbaden und Mainz dagegen haben diese Buchstaben einen ganz besonderen Klang, der mit Emotionen verbunden ist. Hier steht die Abkürzung für drei Stadtteile von Wiesbaden, die früher zu Mainz gehörten.

Kastel wurde von den Römern gegründet, hier befand sich der rechtsrheinisch gelegene Brückenkopf des linksrheinischen Mainz (Mogontiacum) mit einem Militärlager (Kastell) und einer Villa rustica. Eine Brücke verband damals schon die Rheinseiten. Die Beziehungen zwischen Mainz und dem heute rund 13.500 Einwohner großen Ort, direkt gegenüber der Altstadt gelegen, waren stets eng. In der napoleonischen Zeit gehörte Kastel zum Kaiserreich Frankreich und unterstand der Mainzer Gerichtsbarkeit. Bereits 1839 erhielt Kastel Anschluss an die Taunusbahn Wiesbaden–Frankfurt, die Eisenbahnbrücke nach Mainz wurde 1862 in Betrieb genommen. Zum 1. April 1908 wurde die bisher selbstständige Stadt Kastel per Eingemeindungsvertrag ein Stadtteil von Mainz. Ebenfalls zu diesem Zeitpunkt eingemeindet wurde Amöneburg, nördlich von Kastel und südöstlich von Biebrich gelegen, heute rund 1800 Einwohner groß und bekannt als wichtiger Industriestandort. Fünf Jahre später wurde auch das 790 gegründete und direkt an der Mainmündung gelegene Kostheim mit rund 15.000 Einwohnern nach Mainz eingemeindet. Durch Kostheim, die zweitälteste Weinbaugemeinde im Rheingau, in der alljährlich eine Weinkönigin und eine Weinprinzessin gewählt werden, verläuft der 50. Grad nördlicher Breite.

Als auf der Potsdamer Konferenz im Sommer 1945 das besiegte Deutschland in Besatzungszonen aufgeteilt wurde, wurden diese drei nördlich des Mains liegenden Mainzer Stadtteile der US-Besatzungszone zugeschlagen, während das linksrheinische Mainz unter französische Besatzung kam. Mit der Gründung des Bundeslandes Hessen im September 1945 wurden Amöneburg, Kastel und Kostheim der neuen hessischen Hauptstadt Wiesbaden angegliedert, allerdings – das ist das Kuriose der Situation – unter Beibehaltung ihrer alten Namen Mainz-Amöneburg, Mainz-Kastel und Mainz-Kostheim. So steht beispielsweise auf dem Ortseingangsschild „Landeshauptstadt Wiesbaden Stadtteil Mainz-Kastel“. Bemerkenswert ist auch, dass (55246) Kostheim und (55252) Kastel eine „Mainz-nahe“ Postleitzahl haben und über das Briefzentrum 55 in Mainz-Hechtsheim bedient werden, (65203) Amöneburg dagegen wird vom Briefzentrum 65 für Wiesbaden versorgt. Auch entspricht die Amöneburger Vorwahl 0611 Wiesbaden, Kostheim und Kastel dagegen haben die 06134 (die Telefonvorwahl von Mainz lautet 06131).

Bei Bürgerbefragungen in den vergangenen Jahren haben sich die Bewohner

Seit 1945 gehören die ehemaligen Mainzer Stadtteile Amöneburg, Kastel und Kostheim zur hessischen Landeshauptstadt.

von Kastel und Kostheim mehrheitlich für eine Rückgliederung nach Mainz ausgesprochen, Amöneburg jedoch wollte stets bei Wiesbaden bleiben. Eine ernsthafte Änderung der Situation allerdings beabsichtigt Wiesbaden nicht, allein aufgrund des hohen Steueraufkommens der drei südlichen Ortsbezirke.

46 Freundschaften über Grenzen
Die Partnerstädte

Städtepartnerschaften entstanden nach dem Zweiten Weltkrieg, sie galten der Aussöhnung zwischen den einstigen Kriegsgegnern. Eine Ausnahme war die bereits im Juni 1930 unter Oberbürgermeister Georg Krücke (1880–1961) geschlossene Partnerschaft zwischen Wiesbaden und Klagenfurt am Wörthersee.

Initiiert wurde diese Verbindung vom Österreichisch-Deutschen Volksbund, einer 1925 gegründeten überparteilichen Organisation, die für den „Anschluss" Österreichs an Deutschland war, was der Versailler Vertrag ausdrücklich untersagte. Inzwischen hat diese Partnerschaft, die eine der ältesten Städtepartnerschaften überhaupt ist, eine fast 100-jährige Geschichte. Vor allem die fehlenden Sprachbarrieren erleichtern den Austausch mit dem rund 100.000 Einwohner großen Klagenfurt, der Hauptstadt des österreichischen Bundeslandes Kärnten.

Während andere Städte in den 1950er- und 60er-Jahren Partnerschaften mit Orten in Frankreich und England eingingen, besiegelten Vertreter Wiesbadens im Oktober 1953 eine Städtefreundschaft mit Montreux, dem Schweizer Kurort am Genfer See, die ebenfalls bis heute auf vielen Ebenen lebhaft gepflegt wird. 1964, drei Jahre nach dem Berliner Mauerbau und unter Oberbürgermeister Georg Buch, entstand im Sinn der Solidarität mit den Bürgern von Westberlin die Städtepartnerschaft mit dem damaligen Grenzbezirk Berlin-Kreuzberg (heute Berlin-Friedrichshain-Kreuzberg). Fünf Jahre später, im September 1969, wurde in Gent von Oberbürgermeister Rudi Schmitt und dem dortigen Bürgermeister Emiel Claeys (1894–1984) der Partnerschaftsvertrag mit der zweitgrößten Stadt Belgiens unterzeichnet. Obwohl nach 25 Jahren feierlich erneuert, entschied sich 2021 der Gemeinderat von Gent, die Beziehungen zu Wiesbaden (und anderen Partnerstädten) zu beenden. Ein solches Vorgehen war nach mehr als 50-jähriger freundschaftlicher Zusammenarbeit ein außergewöhnlicher Fall, der nicht nur bei Oberbürgermeister Gert-Uwe Mende (geb. 1962) für Enttäuschung sorgte.

Erst 1975 kam eine Partnerschaft mit einer französischen Stadt, Fondettes bei Tours und an der Loire, zustande; geschlossen wurde der Vertrag mit der Kleinstadt vom damals noch eigenständigen und 1977 nach Wiesbaden eingemeindeten Naurod. Mit Ljubljana (Laibach), der Hauptstadt Sloweniens, hat Wiesbaden seit 1977 eine Partnerstadt vergleichbarer Größe, die auf eine jahrhundertelange wechselvolle Geschichte zurückblickt und gleichfalls prachtvolle Bauten im Zentrum aufweist. In die kurze Amtszeit von Oberbürgermeister Georg-Berndt Oschatz (geb. 1937) fällt die Unterzeichnung der Städtepartnerschaft mit San Sebastian im Baskenland im Juni 1981. Die Verbindung mit Nordspanien lebt vor allem durch die Aktivitäten, die der 1983 gegründete Partnerschaftsverein San Sebastian e.V. unternimmt.

Schilder auf dem Marktplatz geben Auskünfte über die Partnerstädte Wiesbadens.

Bei allen Partnerstädten gingen dem offiziellen Vertrag mehrere Jahre der Annäherung voraus. Das trifft auch auf die Freundschaft mit Kfar Saba in Israel zu. Die Beurkundung der Partnerschaft mit der erst 1903 gegründeten Stadt, in der Nähe von Tel Aviv gelegen und heute 100.000 Einwohner groß, erfolgte im Mai 1983 unter Oberbürgermeister Hans-Joachim Jentsch (1937–2021). Der Abschluss von gleich vier Städtepartnerschaften fand unter seinem Nachfolger Achim Exner (geb. 1944) statt. Im November 1987 und damit in der Endphase des Kalten Krieges wurde ein Vertrag unterzeichnet, der den Austausch mit seiner Geburtsstadt Breslau in Polen besiegelte. Es folgte im April 1989 die Städtepartnerschaft mit Tunbridge Wells im Südosten Englands, der eine jahrelange Städtefreundschaft vorausgegangen war. Im Juli 1990, wenige Wochen vor der deutschen Wiedervereinigung, schlossen Exner und sein Amtskollege Matthias Lechner (geb. 1951) die deutsch-deutsche Städtepartnerschaft mit Görlitz in Sachsen. Im selben Jahr war die Partnerschaft mit Ocotal in Nicaragua zustanden gekommen; 9175 Kilometer liegen zwischen der hessischen Landeshauptstadt und der 33.000 Einwohner großen Stadt in Mittelamerika. Ziel dieser Verbindung war laut Urkunde der „Aufbau freundschaftlicher und solidarischer Beziehungen“ zwischen den Bevölkerungen.

Zum Zeichen der Integration und Völkerverständigung beschloss die Stadtverordnetenversammlung eine Städtepartnerschaft mit Faith, einem Stadtteil von Istanbul, die Stadtoberhaupt Helmut Müller (geb. 1952) mit Mustafa Demir (geb. 1959) im September 2012 unterzeichnete. Außerdem unterhalten als Stadtteile Biebrich mit Glarus in der Schweiz, Bierstadt mit den Städten Terrasson in Frankreich und Theux in Belgien sowie Mainz-Kostheim mit St. Veit an der Glan in Österreich Partnerschaften.

So unterschiedlich all diese Städte sind – die Kontakte zu ihnen bereichern mit Veranstaltungen, Vorträgen, Reisen und Begegnungen auch das kulturelle, wirtschaftliche, sportliche und gesellige Leben der Wiesbadener.

47 Eine Kultpraline
Das Ananastörtchen

Deftige Spezialitäten wie Saumagen in der Pfalz, Backesgrumbeere in Rheinhessen oder Dippekuchen im Westerwald fehlen in Wiesbaden. Zwar ist auch hier das Frankfurter Nationalgericht Handkäs mit Musik (also mit einer Marinade aus Zwiebeln, Essig und Öl, Pfeffer und Salz) beliebt, doch angesichts der zahlreichen Gäste aus dem Ausland gibt es hier schon lang eine internationale, vor allem französisch inspirierte Küche, zu der der gehaltvolle Rheingauer Riesling vorzüglich passt. Zudem hat die Landeshauptstadt etwas sehr Feines zu bieten: Ananastörtchen.

Bei einem Ananastörtchen handelt es sich um ein edles Produkt der Confiserie Kunder in der Wilhelmstraße. Die Kultpraline wird seit 1903 hergestellt, sie ist als „Original Wiesbadener Ananastörtchen" ein geschützter Markenbegriff und inzwischen weltweit bekannt. Erfinder der originellen Kreation, die aus Schokolade, Nougat, Marzipan, Ananas, gerösteten Mandeln und Waffelböden besteht, war der Konditor Fritz Kunder, der mit seiner Frau Hermine 1898 das noch heute bestehende Café eröffnet hatte. Zu dieser Zeit kurten Angehörige des Hochadels, Politiker, Industrielle und Künstler in Wiesbaden, und es ist gut möglich, dass auch Kaiser Wilhelm II. und seine Frau Kaiserin Auguste Viktoria (1858–1921) oder der russische Zar Nikolaus II. (1868–1918) und seine Frau, die aus Darmstadt stammende Zarin Alexandra Fjodorowna (1872–1918), die Kunder'sche Köstlichkeit verspeist haben. Mit dieser süß-fruchtigen Spezialität hob sich das Café Kunder bereits damals unter den rund 100 Konditoreien der Stadt hervor.

Bevor in Deutschland ab den 1950er- und 60er-Jahren die Ananas in Form von „Toast Hawaii" und „Pizza Hawaii" zu einer alltäglichen Frucht wurde, galt sie lange Zeit als etwas Besonderes, auch weil ihre Haltbarkeit begrenzt war. Bekannt wurde die aus Amerika stammende Ananas in Europa ab Mitte des 17. Jahrhunderts, zunächst an Adelshöfen. Ab den 1720er-Jahren war die Gewächshaustechnik so weit ausgereift, dass die exotische Pflanze ebenso hier gezüchtet werden konnte. Als kostbarste Frucht des 18. Jahrhunderts war sie in Gemälden abgebildet und Zierelement in der Architektur, und die Porzellanmanufakturen formten sie als Deckelaufsatz oder Bonbonniere nach. Als die Ananastörtchen in Wiesbaden zur Welt kamen, war die seltene Frucht noch immer ein Luxusgut und einem kaufkräftigen Publikum vorbehalten. Die vermögenden Kurgäste wussten die exklusive Nascherei zu schätzen. Erst nach dem Zweiten Weltkrieg erhielt die breite Masse Zugang zu dem inzwischen preiswerten Gut in Dosen.

Zu den Köstlichkeiten Wiesbadens gehören seit 1903 die Ananastörtchen der Konditorei Kunder.

Heute bietet das Café, das in vierter Generation seit 2008 von Jürgen Brand (geb. 1963) geführt wird, selbstverständlich eine breite Palette köstlicher Kuchen, dazu über 100 Sorten feiner Pralinen, zahlreiche Schokoladenkreationen und regelmäßig verführerische Neuschöpfungen. Doch den guten Ruf des renommierten Kaffeehauses haben die Ananastörtchen begründet, von denen alljährlich über 30.000 Stück in aufwendiger Handarbeit hergestellt und teilweise in die weite Welt exportiert werden. Und sie sind heute für alle erschwinglich.

48 Von Wiesbaden in alle Welt
Stadtgeschichte auf Briefmarken

Briefmarken als Postwertzeichen stellen nicht nur einen materiellen Wert dar, der für die Beförderung einer Postsendung entscheidend ist, sondern sie haben auch einen ideellen Wert. Die erste deutsche Briefmarke erschien im November 1849 im Königreich Bayern, seitdem setzten sich die Marken flächendeckend als Entgelt für die Briefbeförderung durch – und bereits Ende des 19. Jahrhunderts wurden Briefmarken zum begehrten Sammelobjekt. Auch Wiesbaden war Motiv auf Briefmarken, allerdings selten.

Erstmals konnte die Stadt 1964 millionenfach und weltweit mit Briefmarken Werbung für sich machen. Innerhalb der zwölfteiligen Reihe „Landeshauptstädte" der Deutschen Bundespost erschien eine 20-Pfennig-Briefmarke, die als Motiv das Kurhaus mit Brunnen zeigte. Die Sonderbriefmarke, in einer Auflage von 30 Millionen gedruckt, konnte als Porto für Standardbriefe (bis 20 Gramm) verwendet werden und war bis Ende 1966 gültig.
27 Jahre später brachte das damalige Bundesministerium für Post und Telekommunikation mit der „Russischen Kirche" erneut ein Wiesbaden-Motiv heraus. Die 170-Pfennig-Marke war Teil der neuen Dauerserie „Sehenswürdigkeiten", mit der die 1976 begonnene Serie „Burgen und Schlösser" abgelöst wurde. Frankaturgültig war die Briefmarke, wie alle seit 1969 verausgabten Marken, unbeschränkt, allerdings wurde diese Regelung mit der Einführung des Euro zum 1. Januar 2002 hinfällig. Die kleinen Wertpapiere konnten als Porto bis zum 30. Juni 2002 genutzt werden, danach war zwölf Monate lang ein Umtausch möglich. Diese beschränkte Nutzungsdauer galt ebenso für die im August 1993 erschienene 41-Pfennig-Marke, die innerhalb derselben Rollenmarken-Dauerserie dasselbe Motiv zeigte; mit einer Stückzahl von 126.800.000 Exemplaren wurde von ihr rund 30 Millionen weniger gedruckt als von der 170er seit 1991. 1999 erschienen und inzwischen vom Bundesfinanzministerium herausgegeben, folgte als letzte Wiesbaden-Briefmarke eine 110-Pfennig-Sondermarke, die in der

1964 war Wiesbaden erstmals Motiv auf einer Briefmarke. Die 20-Pfennig-Sonderbriefmarke zeigte das Kurhaus.

Reihe „Landesparlamente in Deutschland“ den Hessischen Landtag zeigte. In einer Stückzahl von 25 Millionen von der Bundesdruckerei Berlin gedruckt, war sie verwendbar für Standardbriefe.

Bereits im Oktober 1955 war eine Briefmarke erschienen, die mit einem heute kaum noch präsenten Ereignis in der hessischen Landeshauptstadt verbunden war: Anlässlich der Europäischen Fahrplankonferenz, die in Wiesbaden tagte, brachte die Deutsche Bundespost eine 20-Pfennig-Sonderbriefmarke heraus, die ein Eisenbahnsignal vor symbolisierten Schienen zeigte. Zehn Millionen Mal gedruckt, war die Marke bis Ende 1956 für Briefe im Fernverkehr verwendbar. Die Europäische Fahrplankonferenz (EFK) mit ihrer Nachfolgeorganisation Forum Train Europe (seit 1997) trifft sich seit 1872. Teilnehmer sind die Vertreter ihrer Mitgliedsbahnen und Regierungsvertreter, die in der Regel alljährlich in verschiedenen Städten Europas zusammenkommen, um den grenzüberschreitenden Schienenpersonen- und -Güterverkehr zu regeln (so Abstimmung der Fahrpläne, Mindestgeschwindigkeit für internationale Züge, Zugläufe von Luxusfernzügen). Erst 1986 fand am Tagungsort Augsburg wieder ein Treffen der EFK in Westdeutschland statt.

Auch die Besonderheiten des Rheingaus wurden mit einer Briefmarke gewürdigt: 1973 erschien eine 40-Pfennig-Sonderbriefmarke innerhalb der Serie „Deutsche Städte“, die den Rhein mit einem Passagierschiff, die Stadtansicht von Rüdesheim und das Kloster Eibingen zeigt, 2006 verkaufte die Deutsche Post eine (nun selbstklebende) 55-Cent-Sonderbriefmarke „Oberes Mittelrheintal“, die die idyllische Rheinlandschaft darstellte. Beide Marken waren als Entgelt für einen Standardbrief zugelassen.

1973 erschien eine 40-Pfennig-Sonderbriefmarke mit der Stadtansicht von Rüdesheim.

Die Russisch-Orthodoxe Kirche als Motiv einer 170-Pfennig-Briefmarke von 1993.

Innerhalb der Reihe „Landesparlamente in Deutschland“ war der Hessische Landtag Wiesbaden 1999 Motiv der Deutschen Post.

49 Überraschungen in den Bergen

Der Taunus

Die Wiesbadener wohnen privilegiert, nicht nur wegen des milden Klimas, auch wegen der Freizeitmöglichkeiten. Sie können alle Angebote einer Großstadt nutzen und sich ebenso innerhalb kurzer Zeit in eine ländliche Idylle begeben. Zu den Attraktionen zählen einerseits die Rheinpromenaden und der Rheingau, andererseits der nahe gelegene Taunus.

Das Mittelgebirge gehört als südöstlicher Teil zum Rheinischen Schiefergebirge und ist etwa 75 Kilometer lang und 35 Kilometer breit, seine Gesamtfläche umfasst rund 2.700 Quadratkilometer und entspricht damit der Fläche des Saarlandes. Bereits der römische Geschichtsschreiber Tacitus (um 58 bis um 120) hat das Gebirge als Mons Taunus erwähnt, auch wenn die Bezeichnung erst in der ersten Hälfte des 19. Jahrhunderts üblich wurde. Mit dem 879 Meter hohen Großen Feldberg liegt die höchste Erhebung des Gebirges im Hochtaunuskreis, etwa 23 Kilometer Luftlinie vom Wiesbadener Zentrum entfernt.

Nordöstlich des Stadtgebiets liegt der Vordertaunus, in dem hauptsächlich Nadelwälder (insbesondere Fichten) stehen. Über gut ausgeschilderte Wanderwege sind hier bequem die höchsten Erhebungen Hohe Wurzel (618 Meter hoch) und Hohe Kanzel (592 Meter) erreichbar. Gleich drei Naturparks (Naturpark Taunus im Osten, Naturpark Rhein-Taunus im Westen und Naturpark Nassau im Nordwesten) bieten Ruhe und Erholung. Zu den überregional bekannten Attraktionen, nicht nur für Kinder, zählt das Römerkastell Saalburg nordwestlich von Bad Homburg. Das in den Jahren um 1900 rekonstruierte Kastell war Teil des Obergermanischen Limes und bietet heute mit seinem anschaulich gestalteten Saalburgmuseum Einblicke in die Bau-, Militär- und Kulturgeschichte des römischen Germanien (Ende des 1. bis Mitte des 3. Jahrhunderts). Eine Besichtigung dieser spannenden Vergangenheit lässt sich gut mit einem Besuch in Bad Homburg kombinieren. Die bekannte Kurstadt mit ihrer bereits 1841 gegründeten Spielbank liegt an den Ausläufern des Vortaunus, der mit Bad Soden, Königstein und Bad Nauheim weitere traditionsreiche Kurorte aufweist.

Zu entdecken sind aber auch Idstein, 24 Kilometer nördlich von Wiesbaden, und von dort, östlich der Idsteiner Senke, die den Westlichen vom Östlichen Hintertaunus trennt, Bad Camberg. Beide Kleinstädte faszinieren durch repräsentative Bauten und eine von Fachwerkhäusern geprägte Altstadt. Fachwerkhäuser gibt es auch im von hier wenige Kilometer entfernt liegenden Hessenpark zu bestaunen; in diesem Freilichtmuseum in Neu-Anspach lassen sich mehr als hundert historische Häuser besichtigen, die einen Einblick in das dörfliche Leben im Hessen der letzten Jahrhunderte gewähren. Doch damit nicht genug, für jeden Geschmack,

Bereits vor 100 Jahren boten Carl August Hahns Höhenluftkurhotels auf dem Großen Feldberg Erholung inmitten des Taunus, Ansichtskarte von 1925.

für jedes Interesse hat der Taunus Überraschungen parat. Zu den weiteren Sehenswürdigkeiten zählen Burgen (Eppstein, Kronberg), Villen und Schlösser (Königstein) sowie Ruinen (Falkenstein) oder der zwischen Königstein und Kronberg gelegene Opel-Zoo. Diese Region ist eines der teuersten Wohngebiete Deutschlands.

Wer die Nähe schätzt und gut zu Fuß ist, kann durch die Wiesbadener Kuranlagen zum Neroberg (245 Meter hoch) und Geisberg (210 Meter) gelangen. Beide Erhebungen gehören zum Taunus, wie auch die Rassel (540 Meter), höchster Hügel auf Wiesbadener Stadtgebiet; von dort lassen sich über den Taunushauptkamm in alle Richtungen kilometerweite Wanderungen unternehmen.

Manch ältere Wiesbadener verbinden mit dem Taunus nicht nur das heimatliche Gebirge, sondern auch ein anderes Freizeitvergnügen. Zwischen 1948 und 1982 produzierte Ford unter diesem Namen zahlreiche Mittelklasse-Wagen, die zum Teil kuriose Bezeichnungen trugen: „Buckeltaunus“, „Weltkugeltaunus“, „Seitenstreifentaunus“, „Barocktaunus“, „Knudsen-Taunus“; der in den 1950er- und 60er-Jahren hergestellte, vielfach verwendbare und europaweit beliebte Kleintransporter des Automobilkonzerns hieß „Taunus Transit“.

50 Kuren in der Natur
Schlangenbad und Bad Schwalbach

In Hessen bestehen 35 Kurorte: Heilbäder wie Bad Arolsen und Bad Orb, Kneippkurorte wie Bad Camberg und Bad Nauheim sowie heilklimatische Kurorte wie Königstein im Taunus und Lindenfels. Nur wenige Kilometer von Wiesbaden entfernt liegen zwei Kurstädte, in denen in früheren Zeiten auch gekrönte Häupter kurten: Schlangenbad und Bad Schwalbach.

Schlangenbad, 12 Kilometer westlich der Landeshauptstadt, gilt als ältestes anerkanntes hessisches Heilbad. Tatsächlich verweist der Ortsname auf noch heute hier vorkommende Äskulapnattern, die zu den größten Schlangenarten Europas zählen. Bereits Mitte des 17. Jahrhunderts wurden hier Thermalquellen entdeckt und nach und nach für Erholungsuchende erschlossen. Die Blütezeit des Kurbetriebs war in der ersten Hälfte des 19. Jahrhunderts, als vor allem Engländer und Adlige den abgeschiedenen Ort wegen der Ruhe schätzten, aber auch Johanna Schopenhauer, die hier im August 1818 zu Gast war: „Für einen ländlichen Aufenthalt von ein paar Monaten wüsste ich keinen angenehmeren Ort als Schlangenbad. Wird man des engen romantischen Tales überdrüssig, so liegt der ganze Rheingau offen da; nach Biebrich, Ellfeld [Eltville], dem Johannisberg lässt es sich bequem in wenigen Stunden fahren … Nie habe ich in meinem Leben wohlfeiler gewohnt als in Schlangenbad, wenigsten in keinem Badeorte." Zu den prominenten Kurgästen gehörte auch Kaiserin Eugénie (1826–1920), die Ehefrau des französischen Kaisers Napoleon III. (1808–1873). Aus der „guten alten Zeit" hat sich in Schlangenbad, das als Kurort längst an Bedeutung verloren hat, noch die historische Caféhalle erhalten. Das im Stil des Historismus errichtete Gebäude gehörte einst zum Hotel „Kaiserhof", heute wird die Halle als Ausstellungsraum der 6.500 Einwohner großen Gemeinde genutzt.

Als Badeort weitaus bedeutender war Bad Schwalbach, 20 Kilometer nordwestlich von Wiesbaden entfernt, heute rund 11.500 Einwohner groß. Den Grundstein für den weithin bekannten Kurort legte der in Bergzabern (Südpfalz) geborene und in Worms tätige Arzt und Apotheker Jakob Theodor, genannt Tabernaemontanus (lateinisch für Bergzabern, um 1522 bis 1590), Leibarzt des Fürstbischofs von Speyer Marquard von Hattstein (1529–1581). Als der Bischof in Frankfurt erkrankte, ließ sein Arzt Wasser der Schwalbacher Quelle kommen, und der hohe Herr gesundete. Über die Wirkung des Heilwassers verfasste Tabernaemontanus 1581 eine Schrift, die den Ort, der bis 1927 Langenschwalbach hieß, bekannt machte. Da der Weg in den Taunus in früheren Zeiten beschwerlich war, fand ein reger europaweiter Handel des begehrten Wassers in Krügen und Fässern statt. Erst mit Zugehörigkeit des Ortes zum Herzogtum Hessen-Nassau (1816), damit dem Aufbau einer Infra- und Verwaltungsstruktur, dem professionellen Ausbau des Kurbetriebs, der Errichtung prachtvoller

Das 1879 vollendete Kurhaus ist einer der repräsentativsten Bauten von Bad Schwalbach.

Unterkünfte und schließlich der Erreichbarkeit mit der Bahn (1889) wurde Schwalbach zum Luxusbad im Taunus. Eigens für die zahlreichen Gäste aus Großbritannien wurde 1875 die „Englische Kirche" (heutige Neuapostolische Kirche) erbaut. Unter den prominenten Kurgästen in der zweiten Hälfte des 19. Jahrhunderts waren der Komponist Giacomo Meyerbeer (1791–1864), der bayerische König Ludwig II. (1845–1886), Kaiserin Eugénie und Kaiserin Elisabeth von Österreich, bekannt als Sisi. An die Glanzzeit des Ortes erinnert die Bad Schwalbacher Kurbahn, die zwischen 1926 und 1991 als Schmalspurbahn zwischen dem Moorbadehaus und den künstlich angelegten Moorgruben verkehrte und seit dem Jahr 2000 eine Museumsbahn ist. Zahlreiche Villen, eindrucksvolle Fachwerkhäuser, repräsentative Hotels im Stil des Klassizismus, der Gründerzeit und des Jugendstils, dazu Brunnen und Tempelanlagen (Herzog-Adolf-Tempel, Elisabethentempel) und natürlich das Mitte der 1870er-Jahre im Stil der Neorenaissance errichte Kurhaus zeugen noch heute von der Blütezeit der Kur- und Badekultur im 19. Jahrhundert.

51 Idyllische Landschaft
Der Rheingau

Der besondere Reiz, den Orte und Landschaften an Flüssen haben, wirkt charakteristisch im Rheingau. Die traditionsreiche Kulturlandschaft erstreckt sich am Rhein westwärts von Wiesbaden bis Lorchhausen an der Grenze zwischen Hessen und dem rechtsrheinischen Rheinland-Pfalz. Auf 40 Kilometern reihen sich idyllische Orte wie Eltville, Erbach, Oestrich-Winkel, Geisenheim, Rüdesheim und Assmannshausen aneinander. Ein besonderes Erlebnis ist der Weg entlang des Flusses zu Fuß, per Rad oder auch mit der Bahn.

Die hier vorherrschenden trocken-warmen Sommer und milden Winter, dazu die unterschiedlichen Böden aus Löss, Quarzit, Lehm, Sand, Muschelkalk und Tonschiefer begünstigen den Weinanbau an den Südhängen. Zwar gehört der Rheingau mit seiner rund 3200 Hektar großen Rebfläche zu den kleinsten Weinanbaugebieten Deutschlands (das gegenüberliegende Rheinhessen ist neunmal so groß), doch die Qualität der hier produzierten Weine ist unschlagbar. Mit 80 Prozent der Anbaufläche ist der Riesling die dominierende Rebsorte, gefolgt von Spätburgunder (12 Prozent). Die Ernte aller Rebsorten ergibt rund 20 Millionen Liter Wein jährlich. Die Geschichte des Weinanbaus reicht bis in die Römerzeit zurück, doch erst unter Kaiser Karl dem Großen (747–814) wurde die Anbaufläche erweitert und der Ausbau professionalisiert. Vor allem die hier gelegenen ehemaligen Klöster, die Benediktinermönche von Johannisberg und die Zisterzienser von Eberbach, kultivierten jahrhundertelang den Rheingauwein, der heute weltweit einen Spitzenruf genießt. Als „ältestes Weingut Deutschlands" (seit 1211) bezeichnet sich Schloss Vollrads in Winkel. Wie naheliegend, dass 1872 in Geisenheim die Königlich Preußische Lehranstalt für Obst- und Weinbau (seit 2013 Hochschule Geisenheim) gegründet wurde. Hier lehrte einst der renommierte, aus dem schweizerischen Kanton Thurgau stammende Önologe Hermann Müller (1850–1927), Namensgeber seiner damaligen Neuzüchtung Müller-Thurgau, heute nach dem Riesling die zweithäufigste Rebsorte in Deutschland.

Abgesehen von der weltweit anerkannten Forschungsanstalt bietet Geisenheim mit der katholischen Pfarrkirche Heilig Kreuz (um 1510), auch Rheingauer Dom genannt, der 700 Jahre alten Gerichtslinde, dem Kronberger Hof (um 1580), dem Palais Ostein (um 1770) und der Villa Monrepos (1861) sowie vor allem dem Schloss Schönborn (1550) weitere Sehenswürdigkeiten. Doch auch der übrige Rheingau gleicht einer Sammlung historischer Bauten. Eine Perle ist Eltville. Sehenswert ist hier besonders die am Rhein gelegene kurfürstliche Burg mit dem Rosengarten. Im Stadtteil Erbach beeindruckt das Weingut Schloss Reinhartshausen, und nördlich der Stadt

Blick vom Kloster Eibingen bei Rüdesheim auf das linksrheinische Bingen.

befindet sich das berühmte Kloster Eberbach. Die ehemalige Zisterzienserabtei hat eine wechselvolle 900-jährige Geschichte. Mit 200 Hektar Anbaufläche ist das Hessische Staatsweingut das größte Weingut Deutschlands, aber auch ein Ort vielfältiger Kulturangebote. 1985/86 fanden in den historischen Räumen des ehemaligen Klosters die Innenaufnahmen des Films „Der Name der Rose" statt.

Bemerkenswert sind weiter die älteste spielbare Orgel Deutschlands in der Pfarrkirche St. Valentinus (um 1500) in Kiedrich und das Hilchenhaus in Lorch (um 1550), das als bedeutendstes Renaissance-Gebäude im Weltkulturerbe Oberes Mittelrheintal zählt. Deutschlandweit bekannt wurde die geschichtsträchtige Region auch durch das Rheingau-Musik-Festival, das seit 1987 zu den größten Musikfestivals Europas zählt und in der gesamten Region, von Frankfurt bis zum Mittelrheintal, jährlich mehr als 160 Konzerte bietet.

52 Von Reben umgeben
Schloss Johannisberg

Ein viel besuchter und viel gerühmter Ort im Rheingau ist Schloss Johannisberg, inmitten von Weinbergen oberhalb von Oestrich-Winkel und Geisenheim gelegen. Nicht nur der wunderbare Blick in die Rheinebene zieht alljährlich Massen von Touristen an, auch die beeindruckende Geschichte des traditionsreichen Weinguts und natürlich der Wein selbst; der Riesling von hier wird hochgeschätzt.

Um Karl den Großen (747–814) ranken sich viele Legenden, so auch jene, dass der König, der sich bekanntlich häufig in seiner Pfalz Ingelheim auf der anderen Rheinseite aufhielt, bei Johannisberg Wein anbauen ließ. Immerhin ist hier bereits für das frühe 12. Jahrhundert eine Mönchsgemeinschaft belegt, die als „Sankt Johannisberg" zum Mainzer Benediktinerkloster St. Alban gehörte. Wie auch andere Klöster erlebte dieses bald eigenständige Kloster, dem eine Frauengemeinschaft angeschlossen war, ein stetiges Auf und Ab, bis die Bauernkriege 1524/25 das geistliche Leben und die Gebäude zerstörten. 1563 ließ der Mainzer Erzbischof und Kurfürst Daniel Brendel von Homburg (1523–1582) das Kloster aufheben, die Rebflächen dagegen wurden verpachtet.

1716 erwarb der Fuldaer Fürstabt Konstantin von Buttlar (1679–1726) das Anwesen, das er zu seiner Sommerresidenz mit großem Gewölbekeller für den Wein ausbauen ließ. In den 1720er-Jahren entstand das dreiflügelige Barockschloss, die Anbaufläche wurde vergrößert und die Bewirtschaftung professionalisiert. Nach den Wirren der napoleonischen Zeit erhielt 1816 der aus Koblenz stammende österreichische Außenminister Klemens von Metternich (1773–1859) zu günstigen Bedingungen Schloss und Weingut. Er ließ die Gebäude „modernisieren", daher präsentieren sie sich heute im klassizistischen Stil, und der Park wurde in einen englischen Landschaftsgarten umgewandelt. Schon vor rund 200 Jahren konzentrierten sich der Anbau und die fortschrittliche Vermarktung auf hochwertige Rieslingweine, daher bezeichnet sich Schloss Johannisberg als erstes Riesling-Weingut der Welt. Die älteste noch heute vorhandene Flasche stammt aus dem Jahr 1748. Mit dem beginnenden Rheintourismus um 1820 zog die einmalige Lage des Anwesens zahlreiche Besucher vor allem aus England an. Die überregionale Bekanntheit und Qualität machten die Johannisberger Erzeugnisse zu den begehrtesten und teuersten Rieslingen der Welt.

Durch einen Notabwurf britischer Bomben im August 1942 wurde das Schloss versehentlich schwer beschädigt, die Rekonstruktion dauerte bis zu Beginn der 1960er-Jahre. Die traditionsreiche Domäne ist seit 1974 Teil der Oetker-Gruppe Bielefeld, zu deren vielfältigem Angebot auch die Sekt-Marke „Fürst Metternich" gehört. Die letzte Bewohnerin des Schlosses, das heute zu Veranstaltungen und Konzerten genutzt wird, war Tatjana

Der „Spätlese-reiter“, Denkmal im Innenhof von Schloss Johannisberg.

Fürstin von Metternich-Winneburg (1914–2006), deren Mann Paul Alfons (1917–1992) ein Urenkel des österreichischen Staatsmannes war. Sie war eine in Sankt Petersburg geborene russische Prinzessin und die letzte Vertreterin des Hauses Metternich, machte sich als Kunstmäzenin einen Namen und begründete zudem 1987 das Rheingau-Musik-Festival mit. Im Innenhof des Schlosses erinnert ein Denkmal an den „Spätlesereiter“ aus barocker Zeit. Dieser Kurier musste alljährlich ein paar Johannisberger Trauben ins Bistum Fulda bringen. 1776 verspätete er sich und die Trauben waren von Edelfäule befallen, dennoch wurden sie gekeltert – und der Ertrag war so gut, dass die Lese künftig so weit wie möglich hinausgeschoben wurde. So kam die Spätlese zu ihrem Namen, sagt jedenfalls eine hier angesiedelte Legende.

53 Drosselgass' und Germania
Rüdesheim

Von Millionen Touristen alljährlich besucht und besungen, ist Rüdesheim der bekannteste Ort im Rheingau. Eingebettet zwischen Rhein und Weinbergen ist die rund 10.000 Einwohner große Stadt mit ihren historischen Baudenkmälern und pittoresken Fachwerkhäusern ein Synonym für die Rheinromantik.

Eine der Attraktionen für Gäste aus nah und vor allem fern ist die Drosselgasse in der Rüdesheimer Altstadt. Nur zwei Meter breit und etwa 150 Meter lang, prägen Souvenirläden und Weinstuben die kopfsteingepflasterte Gasse, durch die sich im Sommer die Menschenmassen schieben. Großes Gedränge gibt es dann auch an der Talstation der 1400 Meter langen Seilbahn, die über die Weinberge hinweg zum Niederwalddenkmal führt. Von dort erstrecken sich zahlreiche Wanderwege in alle Richtungen, das Jagdschloss lohnt einen Besuch, romantisch ist ebenfalls die Fahrt mit dem Sessellift hinunter nach Assmannshausen.

Gut erreichbar mit der Bahn (Strecke Frankfurt–Wiesbaden–Neuwied), bietet Rüdesheim mehr als nur Wein und Gesang. In Nähe der 1892 gegründeten und hier einst bedeutenden Weinbrennerei Asbach („Im Asbach-Uralt ist der Geist des Weines“) befindet sich „Siegfrieds Mechanisches Musikkabinett“, ein Museum für mechanische Musikinstrumente, untergebracht im Brömserhof, einem repräsentativen ehemaligen Adelshof aus dem Spätmittelalter.

Zu den rund drei Millionen Besuchern jährlich zählen unzählige Schulklassen und geschichtsinteressierte Besucher, die wegen des Niederwalddenkmals, auch Germania genannt, nach Rüdesheim kommen. Das monumentale, insgesamt 38 Meter hohe Nationaldenkmal, nach sechsjähriger Bauzeit im September 1883 in Anwesenheit Kaiser Wilhelms I. eingeweiht, erinnert nicht nur an den für Deutschland siegreichen Krieg mit Frankreich von 1870/71, sondern vor allem an die Reichseinigung. Dargestellt ist hier die Germania in Friedenspose. Die Widmungsinschrift lautet: „Zum Andenken an die einmütige siegreiche Erhebung des deutschen Volkes und an die Wiederaufrichtung des deutschen Reiches 1870–1871“. Das Bauwerk, eines der größten Nationaldenkmäler Europas, enthält zahlreiche Figuren, Allegorien („Vater Rhein“, „Krieg“, Friede“), Reliefs und Ornamente. Bemerkenswert ist vor allem das Hauptrelief unterhalb des Sockels der Germania, auf dem in Lebensgröße 133 Personen, die damaligen Fürsten und Generäle Süd- und Norddeutschlands, dargestellt sind; bei diesem aufwendigen Meisterwerk handelt es sich um das größte Bronzerelief des 19. Jahrhunderts. Unter dem Relief sind fünf Strophen des damals populären patriotischen Liedes „Die Wacht am Rhein“ verewigt.

Die rund 12 Meter hohe Bronzefigur der Germania, die in ihrer erhobenen rechten Hand die Kaiserkrone und in der

Blick von der Sesselbahn auf Assmannshausen.

linken Hand das gesenkte Schwert hält, wurde zum Vorbild vieler Kriegerdenkmäler, die nach 1871 bis Ende des Jahrhunderts entstanden. Germania, verehrt oder als „preußische Madonna“ verspottet, begegnete den Zeitgenossen nach der Reichsgründung auf Schritt und Tritt: Ihr Antlitz zierte mehrere Briefmarken und einen Hundertmarkschein, unzählige Turn-, Sänger-, Schützen-, dann auch Radfahrer- und Fußballvereine im ganzen Kaiserreich benannten sich nach ihr, der Zentralverband der Bäckerinnungen hieß ebenfalls so, Biersorten und Zigaretten wurde unter diesem Namen verkauft, Fabriken und Schiffswerften trugen den Namen der allseits bekannten Symbolfigur, der Verein der Deutschamerikaner in Chicago ebenso. In zahlreichen Gedichten und auf Gemälden wurde dem Sinnbild für das „ewige Deutschland“ gehuldigt, schließlich wollte Hitler nach dem „Endsieg“ Berlin in Germania umbenennen. Erst nach 1945 verschwand die Germania wieder von der Bildfläche. Nach wie vor jedoch verbindet man mit ihrem Namen das weithin sichtbare Niederwalddenkmal oberhalb von Rüdesheim. Von dort hat man eine Fernsicht, bei der man ins Schwärmen geraten kann.

54 Hildegards letzter Wirkungsort
Kloster Eibingen

Nur über wenige Frauen, die vor dem Jahr 1800 gelebt haben, wissen wir Genaueres, meist sind es die Gefährtinnen der Könige. Eine Frau jedoch, die als eigenständige Persönlichkeit in die Geschichtsbücher eingegangen ist, stammt aus der Region, wie ihr Beiname unschwer verrät: Hildegard von Bingen.

Als zehntes Kind einer wohlhabenden adeligen Familie 1098 in Bermersheim vor der Höhe (im heutigen Landkreis Alzey-Worms) geboren, wurde Hildegard bereits als Achtjährige von ihren Eltern getrennt und zur frommen Erziehung auf die Burg Sponheim gegeben. 1112 siedelte sie in die benediktinische Frauenklause auf dem Gelände des Klosters Disibodenberg (bei Odernheim am Glan) über; dort wurde sie zur Nonne erzogen. Vor Bischof Otto von Bamberg (1060–1139), der damals den Mainzer Bischof vertrat, legte sie die Profess ab. Bereits in jungen Jahren, so überlieferte Hildegard in ihrer Vita, fiel sie ihren Mitschwestern durch Wissbegierde auf: „In meinem achten Jahr aber wurde ich zu geistlichem Leben Gott dargebracht und bis zu meinem fünfzehnten Jahr war ich jemand, der vieles sah und mehr noch einfältig aussprach, sodass auch die, welche diese Dinge hörten, verwundert fragten, woher sie kämen und von wem sie stammten."

Nach dem Tod ihrer Lehrmeisterin Jutta von Sponheim (1092–1136) wurde Hildegard Vorsteherin der inzwischen zum Kloster ausgebauten Klause auf dem Disibodenberg. Überregional bekannt wurde sie durch ihre Visionen, die sie in ihrem Hauptwerk „Scivias" („Wisse die Wege") veröffentlichte und die sogar von Eugen III., Papst von 1145 bis 1153, wohlwollend zur Kenntnis genommen wurden. Ihre Glaubenslehre verkündete sie öffentlich auf Predigtreisen zu den theologischen Zentren ihrer Zeit, Köln, Mainz, Bamberg, Trier und Metz, und wurde so zur faszinierenden Wegweiserin einer philosophischen Weltsicht, die scheinbare Gegensätze wie Leib und Seele, Welt und Kirche, Natur und Kunst miteinander verband. Hildegard scheute nicht die Konfrontation mit den führenden Männern ihrer Zeit, sie korrespondierte mit Papst Eugen III., dem Kreuzzugsprediger Bernhard von Clairvaux (1090–1153) und Bischöfen, sogar mit Kaiser Friedrich Barbarossa (1122–1190) soll sie sich als Beraterin in der Kaiserpfalz Ingelheim getroffen haben.

Um 1150 gründete die selbstbewusste Äbtissin auf dem Rupertsberg bei Bingerbrück ihr eigenes Kloster, das sich dank Schenkungen zu einer bekannten und vor allem wohlhabenden Gemeinschaft entwickelte. Es rief jedoch bei den Kirchenoberen auch Unmut hervor, da Hildegard nur Frauen aus adeligen Familien aufnahm und ein eher luxuriöses Leben zuließ. 1165 eröffnete sie auf rechtsrheinischem Gebiet im leer stehenden Anwesen des ehemaligen Augustinerklosters in Eibingen ein Filialkloster, in dem auch nichtadlige Frauen aufgenommen wurden. Dieses Kloster im

Klosterkirche Eibingen oberhalb von Rüdesheim.

Rheingau bestand bis zur Säkularisation 1803. 1831 wurde die Anlage von der Pfarrgemeinde Eibingen erworben. In der heutigen Wallfahrtskirche St. Hildegard und St. Johannes der Täufer befinden sich der Schrein der 1179 im Kloster Rupertsberg gestorbenen Hildegard und der Reliquienschatz, dessen Bestandteile die Äbtissin zu Lebzeiten erhalten oder erworben hat. Die Kirche als letzte Ruhestätte Hildegards wurde 1935 als tonnengewölbter Ziegelbau geweiht und ersetzte das drei Jahre zuvor durch einen Brand zerstörte Kirchengebäude, das Ende des 17. Jahrhunderts auf den Überresten der ehemaligen Klosterkirche errichtet und um 1750 im barocken Stil erweitert worden war.

Das heutige Benediktinerinnenkloster St. Hildegard außerhalb des Ortes und oberhalb von Rüdesheim, 1904 eröffnet, gehört zur Beuroner Kongregation und sieht sich in der Nachfolge der berühmten Prophetin. Das Abteigebäude im neoromanischen Stil ist eine Stiftung von Karl zu Löwenstein-Wertheim-Rosenberg (1834–1921), dem die Ländereien gehörten. Der Fürst war Präsident des Deutschen Katholikentages von 1869 und ab 1871 langjähriger Reichstagsabgeordneter für die Zentrumspartei. In Eibingen und der Abtei, idyllisch gelegen und von Weinbergen umgeben, wird alljährlich am 17. September das Hildegardisfest gefeiert und an eine bemerkenswerte Frau erinnert, die ihrer Zeit weit voraus war und schon zu Lebzeiten wie eine Heilige verehrt wurde. Seit 1584 gilt Hildegard offiziell als Heilige der römisch-katholischen Kirche, 2012 erhob Papst Benedikt XVI. (1927–2022) sie in den Rang einer Kirchenlehrerin.

55 Eindrücke in preisenden Worten
Berühmte Besucher

Die liebliche Lage am Rhein und das heilende Thermalwasser zogen vor allem im 19. Jahrhundert nicht zuletzt Schriftsteller und Musiker nach Wiesbaden, wie Johann Wolfgang von Goethe, Johanna Schopenhauer, Carl Maria von Weber und Robert Schumann. Sie schrieben und musizierten oder komponierten hier, und viele der Schreibenden fassten ihre Eindrücke beim Besuch in der Kurstadt und der Umgebung dann in preisende Worte.

Johann Wolfgang von Goethe weilte im Sommer 1814 hier und schrieb seiner Frau Christiane (1765–1816): „Wiesbaden liegt in einem Tal, das vorwärts nach Süden von Hügeln, nordwärts aber von Bergen begrenzt wird; besteigt man die Letzteren, so hat man eine unendliche und höchst schöne Aussicht … Erde, Himmel und Menschen sind anders, alles hat seinen heiteren Charakter und wird mir täglich wohltätiger … Gebaut wird hier sehr viel, die Anlagen dazu sind höchst verständig und lobenswürdig, die Linien, wonach gebaut werden muss, wohl überlegt. Es gibt Straßen, die der größten Stadt Ehre machen würden."

Um 1820, als die Stadt rund 6000 Einwohner groß war, wussten auch die Schriftstellerin Johanna Schopenhauer und der Schriftsteller Clemens Brentano (1778–1842) die Vorzüge des Kurortes zu schätzen. Schopenhauer notierte in ihrem Reisebericht: „Jede Wohnung hat ihre eigenen gemauerten Bäder, in welche das siedend heiße Wasser durch Kanäle geführt wird, und jeder Badegast erhält mit seiner Wohnung einen Schlüssel zu einem derselben, dessen er allein sich bedienen darf. Dies ist eine von Wiesbadens größten Annehmlichkeiten, die man selten in anderen Bädern findet."

1830 gastierten hier die Musiker Carl Maria von Weber (1786–1826) und Robert Schumann, zehn Jahre später die allseits bewunderten, international bekannten Künstler Niccolò Paganini (1782–1840), der Geigenvirtuose, und der Pianist Franz Liszt (1811–1886). Weitere prominente Kurgäste des 19. Jahrhunderts waren der französische Schriftsteller Honoré de Balzac (1799–1850) sowie seine russischen Kollegen Nikolaij Gogol (1809–1852), Iwan Sergejewitsch Turgenjew (1818–1883) und Fjodor Dostojewski, ebenso der russische Komponist Alexander Borodin (1833–1887). Nicht nur die warmen Thermen hatten es Dostojewski angetan, seine Leidenschaft galt vor allem der Spielbank. Dem zu seiner Zeit viel gelesenen, aus Oberschlesien stammenden Schriftsteller Gustav Freytag (1816–1895) gefiel es in Wiesbaden so gut, dass er sich hier 1879 niederließ; an ihn erinnern eine Straße und ein Denkmal im Kurgarten. Auch der Gymnasiallehrer und Verfasser des nach ihm benannten Rechtschreibwörterbuchs Konrad Duden (1829–1911) verbrachte ab 1905 seine letzten Lebensjahre hier, in

Der Goethestein (1932) im Stadtteil Frauenstein erinnert an Goethes Aufenthalt an diesem Ort im August 1815.

Nähe der Burg Sonnenberg. Abgesehen von mehreren Auftritten als Dirigent und Pianist hielt es Johannes Brahms (1833–1897) dagegen nur fünf Monate hier aus. Doch für sein Schaffen war die Zeit von Ende Mai bis Anfang Oktober 1883 entscheidend, denn in dieser Zeit komponierte er hier die Sinfonie Nr. 3 in F-Dur opus 90, die als „Wiesbadener Sinfonie" in die Musikgeschichte einging.

Wie die Kurstadt Wiesbaden zog auch die Landschaft des Rheingaus Dichter und Schriftsteller magisch an, die begeistert ihre Eindrücke wiedergaben, so Karl Baedeker (1801–1856), Verleger, Autor und Begründer der Baedeker-Reiseführer: „Die genussreichste Art, das enge Rheintal, die Strecke von Mainz bis Bonn zu bereisen, ist unstreitig die ‚Fußwanderung'. Man ist frei, kann sich ungehindert nach allen Richtungen hin bewegen, verweilen, wo man will, Höhen besteigen und kleine Seitentäler besuchen. Wer frisch umherschaut mit gesunden Sinnen, wird auf einer Fußwanderung am besten alle die Schönheiten auffinden, welche das gesegnete Rheintal in so reichem Maße darbietet, und sich ihrer mit offenem Herzen erfreuen. Seitdem täglich zehn und mehr Dampfboote den Mittelrhein stromauf- und -abwärts fahren, kann man die Vorteile des Dampfschiff-Reisens mit den Annehmlichkeiten der Fußwanderung verbinden, wenn man an den Orten, wo Höhen besonders anziehende Aussichten gewähren, oder wo in den Städten Merkwürdiges zu sehen ist, das Schiff verlässt und zur Weiterreise das nächstfolgende Schiff benutzt … Die Mehrzahl der Reisenden ist der Meinung, dass man die Schönheiten des Rheins gesehen habe, wenn man auf Dampfboot oder Eisenbahn flüchtig auf- und abgefahren sei. Es kann nicht oft genug wiederholt werden, dass keine Meinung irriger ist als diese. So hübsch auch die Landschaft im Vorüberfahren sich darstellt, so entfaltet die Gegend doch ihre herrlichen Reize erst auf den Höhen."

Zu Fuß erkundete auch Johanna Schopenhauer die Gegend während ihrer Kuraufenthalte: „Die zwei Meilen von Wiesbaden nach Schwalbach sind sehr bergig. Sie führen fast immer durch einen schönen dichten Wald über die Hohe Wurzel, so heißt eine Anhöhe … Von dieser Stelle umfasst das Auge mit einem Blick den ganzen Rheingau bis an die Türme von Mainz, und weiter hinaus die vom Main durchströmten Gegenden; gute Augen entdecken sogar bei hellem Wetter die Türme von Frankfurt; es ist eine der ausgebreitetsten Aussichten des Taunus-Gebirges."

Ebenfalls euphorisch äußerte sich die Schriftstellerin Bettina von Arnim (1785–1859): „Hier sind tausend herrliche Wege, die alle nach berühmten Gegenden des Rheines führen; jenseits liegt der Johannisberg, auf dessen steilen Rücken wir täglich Prozessionen hinaufklettern sehen, die den Weinbergen Segen erflehen, dort überströmt die scheidende Sonne das reiche Land mit ihrem Purpur, und der Abendwind trägt feierlich die Fahnen der Schutzheiligen in den Lüften und bläht die weitfaltigen weißen Chorhemden der Geistlichkeit auf, die sich in der Dämmerung wie ein rätselhaftes Wolkengebilde den Berg hinauf schlängeln."

Auch der Dichter Heinrich Heine (1797–1856) war beeindruckt von den Weinbergen: „Mon Dieu! Wenn ich doch so viel Glauben in mir hätte, dass ich Berge versetzen könnte – der Johannisberg wäre just derjenige Berg, den ich mir überall nachkommen ließe."

Das Schlusswort sei dem Schriftsteller Heinrich von Kleist (1777–1811) überlassen: „Doch der schönste Landstrich von Deutschland, an welchem unser großer Gärtner sichtbar con amore gearbeitet hat, sind die Ufer des Rheins von Mainz bis Koblenz, die wir auf dem Strome selbst bereist haben. Ach … das ist eine Gegend wie ein Dichtertraum, und die üppigste Fantasie kann nichts Schöneres erdenken als dieses Tal, das sich bald öffnet, bald schließt, bald blüht, bald öde ist, bald lacht, bald schreckt."

WALTER CZYSZ: *140 Jahre Chemisches Laboratorium Fresenius Wiesbaden*, Wiesbaden 1991.
OTTO RENKHOFF: *Wiesbaden im Mittelalter*, Wiesbaden 1980.
PETER JOACHIM RIEDLE (HG.): *Wiesbaden und der 20. Juli 1944*, Wiesbaden 1996.
ALBERT SCHÄFER: *Wiesbaden von der Römersiedlung zur Landeshauptstadt*, Frankfurt am Main 1969.
JOHANNA SCHOPENHAUER: *Ausflucht an den Rhein und dessen nächste Umgebungen*, Leipzig 1818.
HELMUT SCHOPPA: *Aquae Mattiacae. Wiesbadens römische und alamannisch-merowingische Vergangenheit*, Wiesbaden 1974.
WOLF-HEINO STRUCK: *Wiesbaden in der Goethezeit*, Wiesbaden 1979.
WALTER UNZEITIG: *Licht für Wiesbaden. 100 Jahre elektrische Straßenbeleuchtung*, Wiesbaden o.J.

Dank

Der Autor dankt allen Hinweis- und Bildgebern (Peter Becker, Dr. Bernd Braun, Pfarrer Ralf-A. Gmelin / Ringkirche Wiesbaden, Andrea C. Glöckner, Landeshauptstadt Wiesbaden, Charlotte Murakami / Henkell & Co. Sektkellerei KG, Jutta Weilert / mattiaqua) sowie Kerstin Jaworski und Saskia Parakenings vom Sutton Verlag für die konstruktive Zusammenarbeit.

Bildnachweis

Breitkopf & Härtel: S. 5, 20; Henkell Freixenet: S. 27; Andrea C. Glöckner, Landeshauptstadt Wiesbaden: S. 53; Ralf-A. Gmelin, Ringkirche Wiesbaden: S. 55; Team Brennweite: Opelbad (Bildnr. 4888): S. 85, Einband hinten (links unten); Karl Robert Langewiesche Verlag Königstein i.T./Leipzig 1931: Menschen der Zeit, S. 60 (Helene Lange): S. 31; Gemeinfrei: S. 6/7, S. 75; Von Sven-Sebastian Sajak - Eigenes Werk, CC BY-SA 3.0, https://commons.wikimedia.org/w/index.php?curid=28505515: S. 71; Shutterstock/milosk50: Einband vorn; Shutterstock/Majonit: Vorsatz; Shutterstock/Shevchenko Andrey: S. 2; Shutterstock/Sina Ettmer Photography: Nachsatz; Shutterstock/travelview: Einband hinten (rechts); alle übrigen: Jörg Koch.

Der Autor
Jörg Koch

Jörg Koch ist promovierter Historiker, Oberstudienrat in Frankenthal (Pfalz), Stadtrat in Worms und Autor zahlreicher regionaler und überregionaler Bücher. Seine letzten Titel lauten: „Dass Du nicht vergessest der Geschichte. Staatliche Gedenk- und Feiertage in Deutschland von 1871 bis heute" (Darmstadt 2019), „Die Pfalz. 55 Highlights aus der Geschichte" (Erfurt 2020), „Einigkeit und Recht und Freiheit. Die Geschichte der deutschen Nationalhymne" (Stuttgart 2021), „Rheinhessen. 55 Highlights aus der Geschichte" (Erfurt 2021), „Deutsche Bahnhöfe in historischen Ansichten" (Stuttgart 2021), „Das Saarland. 55 Highlights aus der Geschichte" (Erfurt 2021) und „Mainz. 55 Meilensteine der Geschichte" (Erfurt 2022) sowie „Kino für das Ohr. 100 Jahre Rundfunkgeschichte(n)", Stuttgart 2023.

Blick vom Neroberg (hier der Monopteros von 1851) auf die Stadt.

Vorsatz: Blick auf Wiesbaden, im Zentrum steht die 1862 geweihte Marktkirche, Wahrzeichen und höchstes Gebäude der Stadt.
Seite 2: Die dekorative Marktsäule zwischen Rathaus und Marktkirche wurde 1902 vollendet.
Nachsatz: Blick auf das Rheinufer bei Biebrich mit Schloss (links) und der 1905 eingeweihten Oranier-Gedächtniskirche.

Impressum
Sutton Verlag GmbH
Schweickhardtstraße 1
72072 Tübingen
www.suttonverlag.de

ISBN: 978-3-96303-485-5
Printed in Poland by CGS
Gestaltung und Herstellung: Sutton Verlag
Lektorat: Matthias Kunstmann, Karlsruhe

In diesem Buch wird aus Gründen der besseren Lesbarkeit das generische Maskulinum verwendet. Weibliche und anderweitige Geschlechteridentitäten werden dabei ausdrücklich mitgemeint, soweit es für die Aussage erforderlich ist.